AF538799

रात बाकी एवं अन्य कहानियाँ

रात बाकी एवं अन्य कहानियाँ

रणेन्द्र

राजकमल पेपरबैक्स

ISBN : 978-81-267-1904-4

मूल्य : ₹ 395

पहला संस्करण : 2010
दूसरा संस्करण : 2023

प्रकाशक : राजकमल प्रकाशन प्रा. लि.
1-बी, नेताजी सुभाष मार्ग, दरियागंज
नई दिल्ली-110 002

शाखाएँ : अशोक राजपथ, साइंस कॉलेज के सामने, पटना-800 006
पहली मंजिल, दरबारी बिल्डिंग, महात्मा गांधी मार्ग, प्रयागराज-211 001
वेबसाइट : www.rajkamalprakashan.com
ई-मेल : info@rajkamalprakashan.com

मुद्रक : बी.के. ऑफसेट
नवीन शाहदरा, दिल्ली-110 032

RAT BAKI EVAM ANYA KAHANIYAN
Short Stories by Ranendra

अनुक्रम

रात बाकी

...अपनी मृत्यु के पूर्व...अपनी ही झोंपड़ी की आग में झुलसती देह की असह्य पीड़ा...करुण चीत्कारों के बीच...चाला पच्चो–पुष्पा की आजी–माँ ने चीखकर शाप दिया था– 'जो तोहिनी के ई बाँध कहियो पूरा ना होई'... आज...वर्षों बीत जाने के बाद भी...कैमूर अंचल का यह दुर्गावती बाँध अधूरा पड़ा है...एकदम अधूरा...अब यह दुर्योग है...या शाप का असर...कौन जाने...

नीली झील–सी आँखें और जापानी द्वीप

'मुझे छोटी–सी तोंद बहुत प्यारी लगती है। छोटी–सी पिटारी।' दीपा जी ने मेरी तोंद की ओर इशारा करते हुए कहा और भुवनमोहिनी मुस्कान बिखेर दी।

क्या कह रही हैं ये भद्र महिला? मजाक उड़ा रही हैं या सीरियस हैं? तोंद की तुलना पिटारी से! पिटारी ही क्यों? न जाने क्या सोचती हैं? क्या बोलती हैं? स्मार्ट तो हैं ही। स्मार्टनेस दिखाने की जरूरत क्या है?

दीपा जी को कॉलोनी में आए दिन ही कितने हुए थे? मुश्किल से तीन-चार दिन। सबने कितना विरोध किया था। पुलिस पदाधिकारी को कॉलोनी में क्वार्टर अलॉट नहीं किया जाए, चाहे आई. पी. एस. हो या कोई हो। किन्तु बी. डी. ओ. साहब अपनी गुरुपुत्री का आग्रह टाल न सके। अन्दरूनी कारण डी. एम. साहब का फोन था। सीधा ऑर्डर–'ए.एस.पी. सिद्धार्थ कब तक डाकबँगला में झख मारेगा? ऑपरेशन ब्लैक कोबरा के लिए न जाने कब तक रहना पड़े–छह महीना, साल भर। थाना कैम्पस में सुरक्षा तो है, किन्तु सर्किल नहीं। तुम्हारी कॉलोनी में डिप्टी कलक्टर्स हैं, डॉक्टर्स हैं, सबकी फैमिली है। सिद्धार्थ की फैमिली को अच्छा लगेगा।'

इसके बाद क्या बचा था? क्वार्टर अलॉट हो गया। कॉलोनी की नीरव शान्ति को बूटों की धमक भंग करने लगी। सब इन्स्पेक्टर–इन्स्पेक्टर सिविल में होते या वर्दी में, बूट वही होता–टिपिकल पुलिसिया, नाल ठुका। सबेरे-शाम आवश्यक–अनावश्यक फाइल लेकर सलामी ठोंकने हाजिर।

चमचई के इस कम्पिटीशन में कॉलोनी की महिलाओं का सुख-चैन काफूर हो गया। आते-जाते, साहब के दरवाजे पर इन्तजार करते वर्दीध ारियों का एक ही काम था–आँखें सेंकना।

खामियाजा भुगतना पड़ा दीपा जी को। कॉलोनी में बड़ा ही ठंडा स्वागत हुआ। चारों ओर सूजा हुआ मुँह। मिसेज बी. डी. ओ., कॉलोनी की माननीया भाभी जी, का रक्तचाप बढ़ गया था। अपने पटना वीमेन्स कॉलेज के बैकग्राउंड का बड़ा नाज़ था उन्हें। अब दीपा जी थीं दिल्ली जे. एन. यू. प्रोडक्ट–ज्यादा सुन्दर, स्मार्ट और कमसिन, ऊपर से बी.डी.ओ. साहब के यूनिवर्सिटी प्रोफेसर की बेटी, पूर्व परिचिता। साहब भी थोड़ा ज्यादा खयाल रख रहे थे। कहीं पहले का कोई चक्कर तो नहीं। अब सीनियर अफसर की बीवी है तो स्वागत तो करना ही है। किन्तु रोज शाम को कितना खयाल थे? शुष्क औपचारिकता। आत्मीयता गायब। दीपा जी को भाँपने में देर नहीं लगी।

दीपा मेम का कॉलोनी में तीसरा दिन। शाम को भूकम्प आ गया। बहुत–कुछ उलटा-पुलटा। उन्होंने कॉलोनी के अघोषित शीतयुद्ध को समाप्त करने का जो तरीका ढूँढ़ा, वह बड़ा विस्फोटक था। उन्हें क्या सूझी? रैकेट लिये हमारे बैडमिंटन कोर्ट में आ धमकीं। बजाब्ता गेम खेलने की तैयारी के साथ। साधिकार मेरा पार्टनर बनकर स्मैश और प्लेसिंग के ऐसे-ऐसे हाथ दिखाए कि लड़कों के पसीने छूट गए। किन्तु उन्हें क्या पता था कि उनके रैकेट उठा, मर्दों के बीच आने के बाद ही धरती हिलनी शुरू हो गई थी। कस्बाई शहर से पचास किलोमीटर दूर कैमूर के अन्दरूनी हिस्से का यह प्रखंड अभी भी सामन्ती हवाओं में ही भारी साँसें लेता था। हाट-बाजार में भी केवल 'नन्हका' जाति की औरतें ही दिखती थीं। अपने अंचल कार्यालय में भी मैंने वृद्धावस्था पेंशन वितरण के दिन को छोड़कर किसी औरत जात को कार्यालय कैम्पस में पैर रखते नहीं देखा। माँ-बहन के अलावा अन्य औरत से बात करना तो दूर, आँख उठाकर देखना भी पाप था।

मेरे अलावा अन्य लड़के कॉलोनी के अधिकारी-सुपरवाइजरों के बेटे-भतीजे थे। कॉलेज-हाईस्कूल के छात्र। उनकी माँ-बहनें कमर पर हाथ धरे, पिटाई-खिंचाई करने दरवाज़े पर खड़ी थीं। मुझ पर हिकारतों की बारिश हो रही थी। भेड़ की खाल में छुपा हुआ भेड़िया। इन्हीं रंगरलियों के लिए अब तक शादी नहीं की। चुप्पा लोग ऐसे ही होते हैं। ऊपर से चिकने, अन्दर से घाघ।

सबसे ज्यादा लानतें प्रभारी डॉक्टर हसमत अली की अधेड़ होती बहनों की ओर से भेजी जा रही थीं। शर्मी और बेशर्मी पर पूरा लेक्चर। मैं मुँह खोल दूँ तो इनका क्या हो? अभी दस दिन पहले भोर-धुँधलके में जॉगिंग कर रहा था तो ये दोनों भी अपने कुत्ते लेकर निकलीं। कृषि-फार्म के पास अन्य किसी को न देखकर कुत्ते को मेरे ऊपर हुलकार दिया। मैं जान बचाकर दौड़ा। गोल चक्कर काटकर लौट रहा था तो हाथ फैलाकर रास्ते पर खड़ी हो गईं। मुझे रास्ते से नीचे उतर, कच्ची में दौड़ते हुए क्वार्टर में घुसना पड़ा।

अब, रोज शाम को मिसेज बी. डी. ओ. के साथ ब्लू फिल्म देखेंगी तो यही सब न हरकत करेंगी! भाभी जी भी क्या करें! साहब अमला-फेला के साथ शाम होते शिकार खेलते। प्रभारी डॉक्टर, सी. डी. पी. ओ., वयस्क शिक्षा पदाधिकारी, उप-प्रमुख, एक–दो चमचों का पूरा शिकारी दल। शिकारगाह अस्पताल परिसर का खाली प्रभारी आवास। जहाँ नर्सें, आँगनबाड़ी सेविकाएँ, ठीकेदारों द्वारा सप्लाई की गई लड़कियाँ शिकार थीं। जिनकी आँखों में शाम ढलते जंगल उग आते थे।

साल भर पहले जब मेरी पोस्टिंग यहाँ हुई, कुछ ही हफ्तों के बाद डॉक्टर अली ने ऑफर दिया। शिकार का न्योता। मैंने बैरंग लौटा दिया। बैचलर अफसर से ऐसी उम्मीद उन्हें नहीं थी। तब से मेरी मर्दानगी पर उन्हें जबरदस्त शक था। जब मिलते मेरी खिंचाई करते। मुझे कोई फर्क नहीं पड़ा। इस रिमोट में अपनी रूटीन मैंने बनाए रखी। सबेरे जॉगिंग, शाम को खेल। बाकी समय पुस्तकें। अब तो बैडमिंटन कोर्ट ज्यादा ही प्यारा लगने लगा।

दीपा मेम बिना नागा रैकेट लेकर हाजिर होने लगीं। ब्लॉक कॉलोनी चुपके से जापान के द्वीप में तब्दील हो रही थी। रोज हलके–भारी झटके। दूसरी ही शाम खेल के बाद दीपा मेम ने चाय का आमन्त्रण दिया। मुझे झिझकता देख दो बड़े लड़कों को भी न्योत डाला, 'तुम लोग भी आओ

भाई! सी. ओ. साहब अकेले चलने में शरमा रहे हैं।' पटना के बाद ऐसी फ्लेवर वाली चाय का स्वाद कब मिला था, याद नहीं। वर्षों बीत गए पुनः चस्का लग गया। रोज खेल के बाद हम तीन लोगों की शाम की चाय मेम के यहाँ पक्की हो गई।

शाम की चाय। एक टर्निंग प्वाइंट। अगर चाय का ऑफर स्वीकार नहीं करता तो कितने अनुभवों से वंचित, कितनी जानकारियों से महरूम रह जाता। इस चाय के रंग ने जीवन में कई-कई रंग भरे। चाय पर ही तो मुलाकात हुई—जीवेश, ऋषभ और पुष्पा से। जीवेश मैडम के सीनियर थे जे. एन. यू. में और ऋषभ बैचमेट। तीनों का एक ही विषय था—समाजशास्त्र। जीवेश जी और ऋषभ अभी भी कैम्पस में ही थे, रिसर्च स्कॉलर के रूप में। 'ट्राइबल एंड डिसप्लेसमेंट' शोध का विषय था। यहाँ दुर्गावती जलाशय परियोजना में चेरो आदिवासियों के कई गाँव डूब—क्षेत्र में पड़ रहे थे। विस्थापन विरोध मोर्चा ने बाँध के खिलाफ आन्दोलन शुरू किया था किन्तु कोर्ट का निर्णय बाँध के पक्ष में आ गया। आन्दोलन की कमर टूट गई। विस्थापन अवश्यम्भावी था। अतः पुनर्वास को लेकर हलचल शुरू थी। जीवेश जी और ऋषभ को अपने शोध के लिए मैटेरियल्स यहीं मिलने थे। यहीं होना था फील्ड सर्वे, जमीनी अध्ययन।

सोफे के कोने पर तनकर बैठी थी पुष्पा—खुलता रंग, चाकू की धार-सी नाक। बीस-इक्कीस की उम्र। चेरो प्रधान रामावतार सिंह की बड़ी बेटी। पहले कभी देखा नहीं। वेशभूषा से भी ग्रामीण नहीं दिखती थी। आदिवासी तो एकदम ही नहीं। 'धत्त! आदिवासी दिखने के लिए काला-कलूटा, चपटी नाक का होना जरूरी है क्या?' 'अरे नहीं।' मैं झेंप गया। लेकिन रामावतार मुखिया के गाँव तो कई बार गया था। दालान में कई बार चाय भी पी थी। मेरा नौकर एतवा भी उन्हीं के गाँव का था। मुखियाजी ने ही पहुँचाया था। मेरे डेरे पर किताबों की रैक्स देखकर बेटी सोमारी की चर्चा तो की थी, जिसे पढ़ने का बड़ा शौक था। मैट्रिक में फर्स्ट डिवीजन लाने के बाद भी पढ़ाई रुक गई थी। एक तो कॉलेज सीधे टाउन में था। रोज-रोज आना-जाना करना सम्भव नहीं, डेरा रखने की औकात नहीं सो पढ़ाई तो रुकनी ही थी। इधर-उधर से भी सोमारी चेरो के बारे में कई बातें सुनी थीं। हाईस्कूल में पढ़ने आते रास्ते में छेड़छाड़ करते राजपूत, बाभन लड़को को ठोकना सोमारी के लिए आम बात थी।

उस साल की सरस्वती पूजा तो मनोहरपुर गाँव की सबसे बड़की कोठी के मँझले बेटे बाबू रणबीर सिंह को खूब याद रहेगी। सोमारी चेरो को लौटने में थोड़ी देर हो गई थी। साथ में दो सहेलियाँ थीं, सो निडर तो थी किन्तु तेज कदम बढ़ा रही थी। दुर्गावती पार करते अँधेरा घिरने लगा था। जंगल शुरू होने के पहले झाड़ी की ओट में रणधीर चमचों के साथ इन्तजार करता दारू ढार रहा था।

किन्तु सोमारी पर हाथ डालना महँगा पड़ा। नशे में रणवीर अपने को सँभाल ही नहीं पा रहा था, कहाँ तो सोमारी को सँभालता। वैसा-वैसा कट्टा-रिवॉल्वर सोमारी रोज देखती थी। काहे को डरती। टाँगों में हाथ डालकर पटक दिया, सहेलियों ने बगल के गाछों से मोटी-मोटी टहनियाँ तोड़ीं और चमचों के सिर पर बरसाना चालू। नशा फट गया। लुंगी सँभालते यह भागे-वह भागे। बचा लात खाता रणवीर। दर्जनों दलित लड़कियों की देह नोचने वाला आज बुरी तरह फँस गया था। तीनों लड़कियों को भी जल्दी थी। एक पत्थर उसके पोथे के नीचे रखा दूसरे पत्थर से कुचल दिया और जंगल में उतर गईं। रणवीर कटते सूअर की तरह गोंगियाता रह गया।

अफवाह तो यह थी कि सनलाइट सेना के बाबू संजय सिंह, जिसने सोमारी की चचेरी बहन को रखनी बना रखा था, सोमारी पर हाथ डालने की कोशिश में ही मारा गया था। अब उसने खुद मारा था या उसके नक्सली मित्रों ने, पता नहीं चला। हल्ला तो हुआ कि जंगल से लौटते भालू ने अचानक हमला बोला और नाक-गरदन नोच डाला। अन्दरूनी बात है कि मारकर पालतू कुत्तों से नुचवाया गया था। सोमारी के बारे में जितनी बातें सुनता था, भय-मिश्रित आकर्षण बढ़ता जाता।

लेकिन रामावतार चेरो की बेटी पुष्पा सिंह के बारे में नहीं सुना था। मालूम हुआ कि यही सोमारी है। पुकारू नाम है सोमारी। स्कूल का नाम पुष्पा सिंह ही है। मैं भकुआ गया। क्या-क्या छवि बना रखी थी। ठीक काली माय वाली। गले में मुंडमाल, साँवली-काली चमकती, खड्गधारिणी रक्त भरे खप्पर वाली। कहाँ यह फूलों-सी किशोरी। रजनीगन्धा की डंठल-सी काया। कई मामलों में दीपा मैडम से बीस। सुतवाँ चाकू की धार-सी नाक छाती में उतरती जा रही थी। मानो अचरज से फैली आँखों में नीली झील लहरा रही हो।

वायरलेस! सबेरे-सबेरे! जॉगिंग से लौट नीबू-पानी पी रहा था। चौकीदार पहुँच गया। 'अर्जेंट मीटिंग, अटैंड टुडे एट एलेवन ओ क्लॉक—ए.सी.।' ए.सी. साहब का वायरलेस। एडिशनल कलेक्टर, अपर समाहर्ता श्री पशुपति गुप्ता। चार साल से जिले में पदस्थापित। बाबू जी के खास आदमी।

'बाबू जी, नहीं बूझे? अरे! पूर्व मंत्री। अब भी उनके परिवार की कृपादृष्टि स्थिर है। अंगद के पाँव की तरह। शाहाबाद जिला में घर, रोहतास में पोस्टिंग। इससे नजदीक और क्या होगा! दस ठो सगा-सम्बन्धी। बेटी को यहीं ब्याह दिया है। रुआब से ही काम चला लिया। मुफ्त में भेंटा गया डॉक्टर दामाद। बहुत रुआब वाले अफसर। कितना डी.एम.-डी.डी.सी. आए-गए। ए.सी. साहब स्थिर। जब तक इच्छा होगी, नहीं हिलेंगे। इसी से तो पहुँच का पता चलता है। एम.एल.सी. मिसिर बाबा जिला के सबसे बड़ा बिषखोपरा। खोपड़ी में विष ही विष किन्तु मजाल है कि बीस सूत्री की बैठक में ए.सी. साहब के खिलाफ एक ठो सवाल पूछ दें। पहुँच है। ऐसे थोड़े ही हैं। बूझे कि नहीं?

क्या बात हो गई? अभी तो हफ्ता पहले मासिक बैठक हुई थी। हाँ, इधर विस्थापन विरोधी मोर्चा के पुनर्वास सम्बन्धी आवेदन अपनी अनुशंसा के साथ अग्रसारित किया था। दुर्गावती बाँध से डूब में पड़ने वाले तेरह गाँवों के लगभग हजार परिवारों को आस-पास के चार प्रखंडों में पुनर्वास के लिए उचित भूमि उपलब्ध करवाने की माँग थी, जो बिलकुल सही थी। शाम को जीवेश, ऋषभ की चाय पर होती रही बातों से चीजें एकदम साफ दीख रही थीं। अंचल निरीक्षक के हाथों बिना देर किए अनुशंसा-पत्र भिजवाया था।

वही बात होगी। बड़ी रैली आई थी पुष्पा के नेतृत्व में। ब्लॉक कॉलोनी ही नहीं, पूरे ब्लॉक में खलबली मच गई। रैली के पीछे-पीछे जीवेश-ऋषभ भी थे। अपनी दाढ़ी-जीन्स-कुर्ता-झोले के टिपिकल ड्रेस के साथ। वही बात ही हो सकती है दूसरी तो और कोई बात ही नहीं थी।

इधर रैली के पहले से ही खतियानों में फाजिल जमीन की तलाश मैंने शुरू कर दी थी। दीपा मेम का भी आजकल यही प्रिय विषय हो गया था। कैसे बिहार में जमींदारी उन्मूलन कानून लागू नहीं हो सका? सीलिंग से बचने के लिए क्या-क्या उपाय निकाले गए? उनमें बच्चे, बूढ़े, मन्दिर के ठाकुरजी के नाम जमीन खतियान में दर्ज करवाए गए। भूमिहार भूपतियों ने बुला-बुलाकर सगे-सम्बन्धियों के बीच जमीन बेचनी शुरू कर

दी थी। उधार-पधारी ही सही। बीस वर्षों में बिहार का कोई भूमिहार परिवार भूमिहीन नहीं बचा। कागज में भूमिहार भूपतियों के पास फाजिल जमीन नहीं बची।

हुकुम था हाजिर हो। हाजिर हुआ। मुगल दरबार में पंचहजारी मनसबदार की पेशी। एक तो स्लिप भेजने के बाद पन्द्रह-बीस मिनट बाद बुलाए अब देख ही नहीं रहे हैं भाई। बड़े गुस्से में हैं, लगते हैं। दूसरे-तीसरे से बतिया रहे हैं। बैठने को भी नहीं बोल रहे। कब तक खड़ा रहते। कुर्सी खींचकर बैठ गए। तब ताके। एकान्त। उनकी निगाहों ने आदेश दिया। कुर्सियाँ खाली हो गईं।

एकटक ताकते रहे। समय ठिठक गया। दिल की धड़कन बढ़ गई। मूँछें फड़फड़ा रही थीं। लगता है, बेजोड़ डाँट पड़नेवाली है। लेकिन बड़ी मीठी बोली फूटी—! 'कितने साल हुए नौकरी के?'

'जी सर! चार साल।'

'हमारी नौकरी चौबीस साल की है, बाप नहीं तो बड़ा भाई बूझिए और ध्यान से सुनिए। हमारी सेवा के हैं इसलिए समझा रहा हूँ। बूझे कि नहीं!'

'जी सर।'

'ई जो दू गो डायन के चक्कर में पड़कर कैरियर बर्बाद कर रहे हैं ई शोभता है? प्रोफेसर के बेटे हैं। हम समझते थे कि समझदार होंगे। आगे-पीछे कुछो नहीं देखते हैं? अयँ। कुछ बुझाता है कि नहीं?'

'क्या हुआ...सर...?'

'क्या हुआ, बेसी चालाक बनते हैं। हम कोदौं बेचकर पढ़े हैं क्या? हमारे बाप भी बड़े बिजनेसमैन थे कलकत्ता में। हम भी कॉन्वेंट स्कूल और साइंस कॉलेज में पढ़ें हैं, बूझे कि नहीं? ये ही से ज्यादा बनने की कोशिश मत करिए। बूझे कि नहीं?'

'समझे सर! लेकिन बात किस संदर्भ में हो रही है, यही नहीं समझ पा रहा हूँ।'

'अभी बुझा जाएगा लाट साहेब! के कहा है कि अपने अंचल में पुनर्वास के लिए फाजिल जमीन खोजिए। कोई आदेश मिला है आपको? हम लिखित भेजे हैं। मीटिंग में डायरेक्सन मिला था। फिर अपने मन से काहे लबर-लबर कर रहे हैं। बूझे कि नहीं?'

'लेकिन हमने तो कोई ऐसा प्रस्ताव नहीं भेजा है सर! केवल विस्थापन विरोधी मोर्चा का माँग-पत्र ही अग्रसारित किया है।'

'क्या किया है, क्या कर रहे हैं, यह सब पता है। किसके कहने पर कर रहे हैं, यह भी पता है। काहे ला आजकल दिन-रात खतियान गींजते रहते हैं। ऊ दीपा मेम साहब आपकी ऑफिसर हो गई हैं। वे ही डायरेक्सन देती हैं, आप भकचोंधर की तरह खतियान गींजते हैं। बाबू राघवेन्द्र नारायण प्रताप सिंह की भूदानी जमीन पर आपकी नजर है। यह भी पता है, बूझे कि नहीं? जिला में यूँ ही नहीं बैठे हैं।'

ये सारी बातें कैसे पता चल गईं? मैं आश्चर्य में पड़ गया।

'सब प्लानिंग के साथ हो रहा है। ई बुड़बक को समझे में नहीं आ रहा है। काहे आप ही की कॉलोनी में क्वार्टर अलॉट करवाया गया? काहे आपके ही साथ बैडमिंटन खेलना शुरू हुआ? काहे पुष्पा से और दिल्लीवालन से भेंट करवाया गया? काहे चाय पार्टी में पुष्पा आपको सर्व करती है। चाय के साथ उँगली-हाथ भी छुआती होगी? ई सब नहीं बुझा रहा है। बौरा गए हैं आप। दू-दू औरत के गन्ध, वह भी दूनो की दूनो पद्मिणी। कोई भी बैचलर आपकी ही तरह बौरा जाएगा। उसी बौराहट में अलबल कर रहे हैं। शादी कर लीजिए। एक-आध महीने की छुट्टी सेंकशन कर दूँगा। ई दूनो का नशा फट जाएगा और आपकी क्रान्तिकारिता भी बिला जाएगी। बूझे कि नहीं?'

'जी सर!'

'का जी सर-जी सर लगाए हुए हैं। हरॉरकि की समझ है। जब आपके पहले के सी. ओ., एल. आर. डी. सी., एस. डी. ओ. और हमने रिपोर्ट कर रखी है कि चैनपुर अंचल में कोई फाजिल जमीन नहीं है तो फिर काहे खतियान गींज रहे हैं।'

'लेकिन सर!'

'चुप्प! लेकिन-फेकिन नहीं। तुम सचमुच बौरा गए हो बच्चा। दू गो पगलेट औरत का फेर है। इससे बचो। ऊ मैडम दीपा शाही को तो दिल्ली और चैनपुर, जे. एन. यू. कैम्पस और ब्लॉक कॉलोनी में फर्क नहीं बुझा रहा है। हमको तो लगता है, ए. एस. पी. साहब सिद्धार्थ शाही की भी कोई चाल है। पहले से ही सेंट्रल डेपुटेशन का दरखास्त लगाए हुए हैं। चाहते हों जिला में डिसटर्बेन्स हो। उन्हें ऑपरेशन से हटाया जाए और वे दिल्ली भाग सकें। अउर ऊ छौंड़ी पुष्पा सिंह उर्फ सोमारी चेरो सबसे खतरनाक है। पहले अपने घर के नौकर को हटाओ। सबसे बड़ा स्पाई वही है। बूझे कि नहीं।'

'जी सर, आप जैसा कहेंगे वैसा ही होगा। आपके आदेश से बाहर थोड़े हूँ।'

अब ए.सी. साहब के चेहरे पर मुस्कुराहट लौटी। साँसें नार्मल हुईं। पानी पीया। चेहरे की तनी नसें ढीली पड़ीं। खुलकर मुस्कुराए।

'हाँ, यह एक बात हुई। और सब ठीक है। खूब मस्ती काट रहे हो। मेमवा सुनते हैं खूब उछल-उछलकर रैकेट चलाती है। दूनो फूलगेन्दा भी साथे-साथे उछलता-कूदता होगा। खूब नजर सेंकते होंगे भाई। पुष्पवा भी कम नहीं है। तुमको तो एकसठ-बासठ के लिए अब डेबोनियर का भी कौनो जरूरत नहीं है भाई।'

क्या-क्या बक रहा है ई बुड्ढा। डेबोनियर वाली खबर इसको कैसे मिल गई? मैं मन ही मन सोच में डूब गया। सी. आई. सुरेश सिंह। हाँ! उसी का काम है। कई लोगों ने कहा था अपने अंचल निरीक्षक सुरेश से सावधान रहिएगा। वह ए.सी. साहब और एम. एल सी. मिसिरवा का स्पाई है। एक-एक बात जाकर बताता है। वही उस दिन क्वार्टर में एक फाइल साइन करवाने आया था। मैं बाथरूम में था। एतवा से बतियाने अंदर आ गया। टेबल पर गलती से डेबोनियर पड़ा हुआ था उठाकर उलटने- पुलटने लगा। मुझे देखते ही सकपकाकर रख दिया। ए.सी. साहब डेबोनियर का नाम नहीं लेते तो बातें नहीं समझ में आतीं। बेट्टा सुरेश सिंह, अब पकड़ में आए!

'का सोच रहे हैं सी. ओ. साहब? बेसी मत सोचिए। छोटा भाई हैं इसीलिए समझा रहा हूँ। ई कम्युनिस्टवा डी. डी. सी. बहुत दुलार देखाते हैं। उनके बहकावे में भी नहीं पड़ना है। ई लोग का हैं मिसिर बाबा के लिए, बस हलुआ। एक कौर में गड़प। जब चाहे तब ट्रान्सफर ऑर्डर हाथ में। आप अपने बारे में सोचिए। आपके लिए भी ठेठ जंगली इलाका चुना रहा है।'

'तीसरी बात भी गौर से सुन लीजिए। आपके कॉलेजिया मीता विधायक रामजी पासवान, जिनके बल पर आप फुदक रहे हैं। उनकी क्या औकात है मिसिर बाबा के सामने, आप भी जानते हैं। विधायक जी भले यूनिवर्सिटी पढ़े हों किन्तु सचिवालय में फाइल निकलवाने का शऊर नहीं जानते। किसी सचिव से बतियाने के लिए कह दीजिए, फोनो पर, तब भी हवा निकलने लगती है। अभी तो दारू की ही आदत है। धीरे-धीरे औरत, पैसा, जायदाद, ताकत, गुमान सबकी आदत लग जाएगी। सिस्टम में पूरे

फिट। एकदम मिसिर बाबा। हूबहू। केवल नामे का फरक रहेगा। बुझाया कि नहीं? इसलिए कहते हैं कि बच्चा आग-पीछ सोचकर कदम उठाइए। ई सब लोग केवल आपका इस्तेमाल कर रहा है। केतना इस्तेमाल होना है? होना है कि नहीं? किस कीमत पर होना है? ई सब सोचकर काम करना चाहिए।'

हे भगवान! ई बुड्ढा तो पूरे फॉर्म में है। कब छुटकारा मिलेगा? तभी अर्दली ने खबर दी। डी. डी. सी. बुला रहे हैं। मिला छुटकारा। दरबार से कोर्निश बजाता मनसबदार बाहर। हुजूर की मूँछें, निगाहें और भाव चेतावनी देती दूर तक पीछा करती रहीं।

डी. डी. सी. शर्मा साहब का चैम्बर। कुर्सी के पीछे गांधी की जगह मार्क्स की तस्वीर। कथाकार सुजय जी पूर्व से विराजमान। सर ने निगाहें उठाईं, 'आओ नरेन्द्र, बैठो।'

'थैंक्स सर!'

'सुजय जी से तो परिचय होगा ही, कथाकार ही नहीं, अच्छे अधिवक्ता भी हैं। लगभग दस साल से सिविल मामलों की प्रैक्टिस कर रहे हैं। भू-राजस्व मामले की अच्छी जानकारी है। कोर्ट के फैसले के बाद बाँध बनना तो तय है। हालाँकि बड़े बाँधों की निरर्थकता अब स्पष्ट हो चुकी है। फिर भी सिस्टम को यही रुचता है। हमारी ड्यूटी है कि पुनर्वास की जिम्मेदारी पूरी गंभीरता से निभाए। पुनर्वास तभी होगा जब जमीनें उपलब्ध होंगी। सुजय जी इसी सम्बन्ध में कुछ चर्चा कर रहे थे। मुझे लगा तुम भी रहो तो ठीक रहेगा। हाँ! सुजय जी बताइए।'

'नरेन्द्रजी के ही अंचल से शुरू करता हूँ सर! केवल चैनपुर अंचल में ही नहीं बल्कि पूरे बिहार में जमींदारों-भूपतियों ने सीलिंग से ज्यादा जमीन बचाने के कई रास्ते निकाले हैं। उनमें से एक है—भूदान। चैनपुर के बाबू राघवेन्द्र प्रताप सिंह और उनके भाइयों की सैकड़ों एकड़ परती जमीन इसी उपाय से सीलिंग में जाने से बची हुई है। कई मौजों में पसरी हुई यह जमीन भूदान कार्यालय के कागजातों में दलितों के बीच वितरित भी दिखाई जा रही है। भूदान कार्यालय ने दस-पन्द्रह साल पहले इन्हें अपनी ओर से पर्चा भी बाँट दिया था। किन्तु बाबू साहेब ने दल-बल से अंचल कार्यालय में दाखिल-खारिज नहीं होने दिया। अंचल के खतियान में नाम नहीं बदला केवल भूदान में वितरित दर्शा दिया गया। सो कब्जा बाबू साहब का ही रहा। ऐसे ही कुछ मामले मैंने सिविल कोर्ट

में लड़े थे। तह में जाने पर यह जानकारी मिली। किन्तु नीचे से ऊपर तक इतनी पक्की दीवार है, मैं कुछ नहीं कर सका। यह स्थिति लगभग हर अंचल में है। मैंने सारे डिटेल्स डी. एम. साहब और डी. डी .सी. साहब को दे दिया है। किन्तु कार्रवाई की शुरुआत तो अंचल लेवल से ही होनी है।'

'सुजय जी ठीक कह रहे थे। पिछले हफ्तों से खतियानों के उलटने-पुलटने पर मुझे भी इन घपलों का पता चला था।' डी. डी. सी प्रश्नवाचक मुद्रा में मुखातिब हुए।

'सुजय जी ठीक कह रहे हैं, सर!' मैंने हामी भरी। 'किन्तु ए. सी. साहब नहीं चाहेंगे कि गड़े मुर्दे उखाड़े जाएँ। तभी मुझे बुलाकर यही नसीहत दे रहे थे।'

'यह हमें पता है। एक-दो रोज के अन्दर ही डी. एम. फील्ड विजिट पर निकलेंगे। आपके अंचल भी पहुँचेंगे। तब तक पेपर क्लियर कर लें, हो सकता है मैं भी साथ रहूँ।'

'ठीक है सर!'

'सुनते हैं सर! डी. एम. साहब पुनर्वास पर कोई किताब लिख रहे हैं।' सुजय जी ने पूछा।

'हाँ, पेंगुइन के साथ एग्रीमेंट हुआ है। नाम है–'ए परफेक्ट रिहेबिलेशन'। वयस्क शिक्षा अभियान पर उनकी किताब भी पेंगुइन से ही आई थी।'

'और कैसे हैं नरेन्द्र? ठीक हैं! गुड! अब जाइए। दीपा-जीवेश अच्छे लोग हैं। जब मैं जे. एन. यू. कैम्पस छोड़ रहा था तब ये लोग आए थे। मेरे बैच के कुछ मित्र वहीं लेक्चरर लग गए हैं। उनसे ही फोन पर बात हुई थी। जरा जन-आन्दोलनों को नजदीक से देखिए, हाकिम का चोला उतारकर आदिवासी समाज के पास जाइए बहुत-कुछ सीखने को मिलेगा।'

चैम्बर से बाहर निकला। दिमाग घूमता लग रहा था। कबिरा इस संसार में भाँति-भाँति के लोग। जिला मुख्यालय में बिताए इन दो घंटों ने कई साल उम्र बढ़ा दी। तेरह आदिवासी गाँवों के हजार परिवारों का पुनर्वास, इतने-इतने एंगिल से देखा जाएगा, यह मैंने सोचा न था। ए. सी. साहब की बात सच थी तो ए.एस.पी. सिद्धार्थ शाही को ऑपरेशन ब्लैक कोबरा से अपना नाम हटाना था। इसीलिए उनकी मिसेज इस मामले में इंटरेस्ट ले रही थीं। डी. एम. को अपनी किताब लिखनी थी शायद वे भी

सेंट्रल डेपुटेशन के चक्कर में थे। जीवेश-ऋषभ के लिए यह एक प्रोजेक्ट भर था। डी.डी.सी. साहब को चार-छह महीने में ट्रांसफर की आदत पड़ी हुई थी किन्तु इस धरम-धक्के में मैं कहाँ था?

रामजी भाई कहाँ हो? भाई शहर में ही थे। विस्तार से सारी बात हो गई। निश्चिंत हो गया। फाइल बढ़ाने का खर्चा पी. ए. को दे दिया। विधायक भाई ने हरी झंडी दे दी–'भिड़ जाओ नरेन्द्र भाई! इसी मूवमेंट के बल पर एम. पी. चुनाव लड़ लूँगा। जब डी. एम. आने वाले होंगे खबर करना मीडिया के साथ मैं भी पहुचूँगा।'

मेरी जीप चैनपुर की ओर बढ़ चली। मैं भी कवच-कुंडल से चाक-चौबन्द। अब ऑपरेशन पुनर्वास को सफल होना था किन्तु धड़कन मरी हुई लग रही थी। अन्तर्मन में कोई उल्लास नहीं, उछाह नहीं। जुनून-उन्माद गुम गए। कभी-कभी ज्यादा जानना स्व को खोना होता है। दिमाग की छोड़ मन की सुनना और मादक स्वप्न का पिछुआना कितना सुखद होता है! राग-अनुराग भरा। अब छाती में एक खोखल था और दिमाग मशीनी कार्रवाई के लिए अपडेट किया हुआ।

पागल अपनी ही मृदुगन्ध से कस्तूरी मृग

डैम साइट पर अद्‌भुत सीन था। न पहले देखा, न सुना। जहाँ डम्परों, ट्रकों और मशीनों की गड़गड़ाहट गूँजती थी वहाँ माँदर बज रहा था। न केवल तेरह गाँव के हजार आदिवासी परिवार बल्कि अगल-बगल पचासों गाँव के रविदास, पासवान, कोइरी, तेली, कुर्मी, अहीर सब के सब बाँध पर। किसान संग्राम समिति ने ताकत दिखा दी थी। ऑपरेशन ब्लैक कोबरा के इंचार्ज सिद्धार्थ सर ने बहुत पहले बताया था कि जहानाबाद में एक्टिव डॉ. उदयन अब इसी क्षेत्र में सक्रिय था। उसकी गिरफ्तारी हुई, समझे ब्लैक कोबरा के विषदाँत गए। गिरफ्तारी होगी तब, जब कोई चीन्हे तब न। यहाँ तक कैमूर के वन गाँवों में कितने अनिल भाई, सुनील भाई, संजीव भाई, राजीव भाई घूम रहे हैं। सबके सब कॉमरेड हैं। लाल सलाम सुनना पसन्द करते हैं। इनमें से कौन संग्राम समिति के हैं, कौन लिबरेशन के, लोगों को नहीं पता। सब लोग इनके हक के लिए रात-दिन एक किए हैं। सो जानने के बाद भी कौन डॉ. उदयन हैं और कौन कॉमरेड जौहर, कोई नहीं चीन्हने वाला। महतो कर्मचारी ने जानकारी दी।

'अब ई बाँध बंद, काम बंद। ऐसे कैसे चलेगा भाई! ई जोर-जबरदस्ती है। प्रशासन हाथ पर हाथ रखकर थोड़े बैठा रहेगा। लेकिन इतने अपार जनसमूह में क्या हो सकता है? भीड़ स्थिर है। हंडा-तसला साथ में। जंगल की लकड़ी। चन्दा का चावल। पकेगा भात। महकेगा जंगल। बज रहा था माँदर डम-डम। काम बन्द बाँध बन्द। थाना में सारा महकमा। माथा पर हाथ धरे सिद्धार्थ सर पर सोचने की जिम्मेवारी। अब कैसे भी उदयन को गिरफ्तार करना ही पड़ेगा।'

'इंचार्ज सिंह! उस हलका के चौकीदार-दफादार से कड़ाई से पूछताछ कीजिए। तीन दिन भूखा रखिए, बक देगा सब।' सिद्धार्थ सर नतीजे पर पहुँच रहे थे।

बी.डी.ओ. साहब का अलग ही खयाल था–'मुखिया रामावतार तो नहीं टूटेगा। पुष्पा पर थर्ड पर डिग्री अजमाया जाए। लड़की जात है तुरन्त टूटेगी।'

इस लम्पट बी.डी.ओ. से तो यही उम्मीद थी। सिद्धार्थ सर ने आँख गुरेरकर ताका। बी.डी.ओ. की सिट्टी गुम। बड़ा बाबू समझ गए। जमादार को हलका संख्या दस के चौकीदार को बुलाने को आवाज दी।

सिद्धार्थ सर इरिगेशन विभाग के चीफ इंजीनियर पर बेहद नाराज थे। बिना प्रशासन से सम्पर्क किए गाँव खाली करवाने का नोटिस क्यों सर्व करवाया? सारी खुराफात के पीछे नोटिस थी। इसने ही आग में घी का काम किया। अभी तक पुनर्वास के लिए जमीन की तलाश हुई थी नहीं और गाँव खाली करो। गाँव खाली करके कहाँ जाएँगे लोग? नोटिस सर्व करने के पहले इतना तो सोचना ही था। तभी एक ही साथ चार वायरलेस लेकर बाबू हाजिर। सिद्धार्थ सर के लिए एस. पी. साहब का मैसेज। मेरे और बी.डी.ओ. साहब के लिए डी.एम. साहब का। मजमून एक ही–वायलेंस किसी हालत में नहीं। डी.डी.सी. साइट पर जा रहे हैं।'

तय हुआ कि मैं सिद्धार्थ सर के साथ डैम पर बढ़ूँ। थाना प्रभारी और बी.डी.ओ. साहब डी.डी.सी. को लेकर आएँगे। थाने से बाहर आकर सर का विचार हुआ क्वार्टर पर जीवेश-ऋषभ हैं, उन्हें भी साथ ले लिया जाए। डेरे पर केवल जीवेश थे। ऋषभ टाउन गए थे कुछ खरीदारी करने। गाड़ी में जगह थी सो दीपा मेम साब भी बैठ गईं। सर आज खीझे हुए थे। खीझ कहीं उतरनी थी। वह जे.एन.यू. वालों पर उतरी। रास्ते भर कम्यूनिज्म,

नक्सलवाद की ऐसी-तैसी करते रहे। दीपा मेम और जीवेश के तर्क उन्हें सन्तुष्ट नहीं कर पा रहे थे।

डैम साइट भी आ पहुँचा। सबेरे वाला धमगज्जर गायब था। लोग जहाँ-तहाँ झुंड में बैठकर खाना खा रहे थे। कुछ लोग गोलाई में बैठ माँदर बजाते गीत गा रहे थे। गीत के बोल हवा में तैर रहे थे–'उनकर घर बा कोठी-अटारी/हमनी के घर सुअरा के खोहार हो किसनवा/अब ना चली ऐसन चलनवा/मिलके उट्ठी की बदल दीं जमनवा/हो किसनवा...हो किसनवा।'

कुछ भी हो भीड़ बेजोड़ थी। गाड़ी देख रामावतार मुखिया और पुष्पा कुछ लोगों के साथ पहुँचे। मैं मुखियाजी को लेकर एकान्त खोजने लगा। आगे बढ़कर पत्थर की ओट में हम बैठ गए।

'यह क्या हो रहा है मुखियाजी! काहे इतना बवाल? केवल नोटिस न मिला है। इंजीनियर साहब में इतना दम है कि बिना प्रशासन की मदद के गाँव खाली करवा लें। कोई न कोई पॉलिटिक्स जरूर है कि आप लोग तोड़-फोड़ हिंसा पर उतारू हों और फोर्स को ताकत दिखाने का मौका मिल जाए। गोली चले, गिरफ्तारी हो और सब प्लान चौपट हो जाए। कम–से–कम मुझ पर तो विश्वास करते। बिना जमीन की व्यवस्था हुए किसी हाल में गाँव खाली नहीं होगा। यह न केवल मेरी सोच है बल्कि डी.डी.सी. और डी.एम. साहब भी यही चाहते हैं। अभी डी.डी.सी. आने वाले हैं, उन्हीं से पूछकर कन्फर्म हो लीजिएगा।'

'देखिए सर! आप से ज्यादा भरोसा डी.डी.सी. पर नहीं है। आप कह रहे हैं तो सही ही होगा। काहे कि आपके पहले अंचल-ब्लॉक में इतना पूछ, इतना इज्जत किसी का कभी नहीं हुआ। खाली हमारा ही नहीं, सब नन्हका जात का। कोई भी गया रविदास-पासवान सबको आपने कुर्सी पर बिठाया। पानी के लिए पूछा। मीठ बोले। ध्यान से बात सुनी। इतने में हमारा आधा कष्ट दूर हो गया। हम नहीं पूरा अंचल यह गुण जपता है। लेकिन नोटिस लिखन्त में न है, आप भी अपना बात लिखन्त में दे देते तो जनता-जनार्दन को समझाने में सुविस्ता होता!'

'अब लिखन्त वाली बात डी.डी.सी. से कहिएगा यह हमारे पावर से ज्यादा की बात है।'

'ठीक है सर! उनसे भी बतिया ही लेते हैं।'

'लेकिन हर हाल में तोड़-फोड़, मार-पीट से इस मूवमेंट को बचाइएगा।' मैंने चेतावनी दे दी।

'इसकी गारंटी रखिए सर। एतना हम भी बूझते हैं कि कौन बात से गोटी उलटा पड़ सकता है! ई रामावतार सिंह चेरो की जुबान है पत्थर की रेख। इस पर आप भी विश्वास रखिए।'

हम उठ कर कपड़ा झाड़ते अभी आगे बढ़े ही थे कि डी.डी.सी. की पीली बत्ती वाली गाड़ी आ पहुँची। साथ में सुजय जी भी आए थे। वे मुझे लेकर किनारे खिसक चले। एकान्त मिलते ही खुले, 'तब नरेन्द्रजी खूब टेन्सन में हैं क्यों? कैसे जमीन एक्वायर होगी? कैसे डिस्ट्रीब्यूट होगी? राघवेन्द्र के रायफल वाली बराहिल पैर भी रखने देंगे कि नहीं परती पर? है कि नहीं?'

'हाँ, यह तो है! जितना आर्म्स हमारी पूरी बटालिन के पास है उससे दुगुना अकेले मनोहरपुर के राजपूतों के पास है। फोर्सली तो यह काम हो नहीं सकता। फोर्स यूज करते ही मामला हाथ से निकल जाएगा। यह तो पानी जैसा साफ है।' मैंने अपनी बात रखी।

'इस पहेली को सुलझाने का एक क्लू आपको देता हूँ। क्लू है भीम सिंह, राघवेन्द्र के परदादा के भाई खानदान के वारिस। राघवेन्द्र के कट्टर दुश्मन। उन्हें शीशे में उतार लीजिए, पहेली सुलझ जाएगी।'

सुजय बाबू शायद यही क्लू देने आए थे। मेरे दिमाग के जाले भी साफ होने लगे। एकदम ठीक फॉर्मूला था। हंड्रेड परसेंट फिट।

शायद डी.एम. साहब को यह क्लू पहले से पता था इसलिए भीम प्रताप नारायण सिंह की शर्तों पर हरी झंडी तुरंत मिल गई। मनोहरपुर के नौलखा पोखर का सैरात इस साल उनके नाम और डैम कन्स्ट्रक्सन की राघवेन्द्र की पच्चीस परसेंट की पेटी कंट्रेक्टरी में से बारह परसेंट उनकी। राजपूत लॉबी टूट गई। भीम प्रताप प्रशासन के साथ। हम लोगों के खेतों की प्यास बुझाने के लिए बाँध-बँधा रहा है तो डूब-क्षेत्र की अरजा-परजा को शरण देना भी हमारा ही धरम है। ई धरम तो निभाना ही पड़ेगा। नहीं तो सूर्यवंशियों का प्रताप क्षय हो जाएगा। वैसे भी राजपूतों और भीलों, आदिवासियों की एकता तो महाराणा प्रताप के समय से है, उसे हर हाल में बनाए रखनी है। हवा बदलने लगी। अब काम सध गया लगने लगा।

पाँच दिन की मोहलत। डी.एम. डी.डी.सी. समय का महत्त्व समझ रहे थे। राघवेन्द्र और एम.एल.सी. मिसिर की जोड़ी मातल साँड़ जैसी पटना में फुफकारती दौड़ रही थी, इसलिए जितना जल्दी हो काम निपटाना है।

ए.सी. साहब को लम्बी छुट्टी पर भेज दिया गया था। मैंने भी सी. आई. सुरेश सिंह को छुट्टी दे दी और प्रभार महतो कर्मचारी को दिलवाया। अब रातभर पेट्रोमैक्स और डेरा पर काम।

दीपा मेम अभिभावक की भूमिका में आ गई थी। रात भर नौकर चाय-कॉफी-चिप्स पहुँचाता रहता। मेरी टीम ने कमाल का काम किया। तीन रातों में कुल दो सौ छिहत्तर एकड़ छत्तीस डिसमिल फाजिल जमीन अधिगृहीत करने के कागज तैयार। कानून के एक-एक नुक्ते को ठोक-बजाकर देख लिया गया। डी.एम. साहब के आदेश, जन-दबाव और सुजय बाबू के लंका ढहाने के मंत्र ने अन्य अंचलों में भी काम किया। धरने के सातवें दिन ही अधिगृहीत भूमि के गजट के साथ पूरा जिला प्रशासन डैम साइट पर।

साइट के ठीक बगल में सरना स्थल पर बैठक हुई। रामावतार मुखिया, पुष्पा के साथ तेरहों गाँव के प्रधान बैठक में शामिल हुए। जीवेश-ऋषभ जी के साथ कोई अनिल जी भी बैठक में आए थे। बाकी भीड़ थोड़ी दूर पर तमाशबीन बनी हुई थी। गजट की कॉपी बाँट दी गई। कोने में बैठे अनिल जी बड़े गौर से एक-एक शब्द पी रहे थे। जैसे-जैसे पन्ने पलटते उनके चेहरे की चमक बढ़ती जा रही थी। मैं एकटक उनके ही रिएक्शन को परख रहा था। मेरा मन कह रहा था कि यही डॉ. उदयन हैं लेकिन अनिल जी के रूप में परिचय करवाया गया तो अनिल जी ही होंगे।

'आगे की योजना,' अब डी. एम. साहब हम चारों अंचल अधिकारियों की ओर मुखातिब थे–'हर परिवार को खेती के लिए पाँच एकड़ काश्त भूमि, पचास डिसमिल बासगीत भूमि, चापाकल, काश्त लैंड में हर परिवार को कुआँ, एक गाँव पर दो ट्रैक्टर, दो फसलों के लिए खाद-बीज। प्रस्ताव जितना शीघ्र हो सके।' यह पूरा पैकेज था। जिस पर रामावतार और अन्य ग्राम प्रधानों की स्वीकृति के साथ अनिल जी भी सहमत थे। वे बोल तो नहीं रहे थे किन्तु सहमति में धीरे-धीरे सिर हिला रहे थे। चरणबद्ध तरीके से गाँव खाली होने थे। पहले बाँध के अस्थायी आवास में ठहरना था। बन्दोबस्त जमीन पर घर और कुआँ का काम पूरा होते परिवार वहाँ शिफ्ट होंगे।

लौटते समय डी. एम. साहब ने हम लोगों को हिदायत दी– । यह काम भी ड्राइव बेसिस पर हो। राजधानी के एक्टिव होते कम-से-कम दखल दहानी

पूरी। समय बहुत कम है और उन्हें रिजल्ट चाहिए। किसी भी शर्त पर। लोकली सब हमें मैनेज करना था। कैसे? यह टैक्ट पर निर्भर करता था। टैक्ट की कोई परिभाषा ब्यूरोक्रेसी के पास नहीं थी।

फिर दिन-रात की खटनी शुरू हो गई। महतो जी ने इस बार दो रिटायर्ड कर्मचारियों को पकड़ लिया। जिनकी जानकारी एवं अनुभव से काम आसान हो गया। अबकी दीपा मेम के साथ पुष्पा भी झाँक जाती थी। उसकी नीली झील से होकर आती ठंडी हवा जब मन को छूती, सारी थकावट हवा हो जाती। उसके गाँव एवं चार टोलों को हमारी ही अधिगृहीत जमीन पर बसना था। रामावतार मुखिया बाँध पर बाँस-बल्ली से टेम्परेरी घर बनवाने में जुटे थे।

दस दिनों के अंदर विस्थापित परिवारों के नाम से बन्दोबस्ती का पर्चा बनकर आ गया था। इन्दिरा आवास और कूप के लिए फंड भी साथ में आवंटित हुआ था, वह भी प्रखंड कार्यालय के बदले अंचल कार्यालय के नाम से। यानी कि यह जिम्मेदारी भी अंचल कार्यालय को उठानी थी। स्टाफ का ठिकाना नहीं, पाँच कर्मचारियों के भरोसे यह काम कैसे होगा? अलग टेन्शन। महतो जी अनुभवी थे। 'परेशान मत होइए सर! चेरो लोग खुद जल्दी में हैं जितना जल्दी हो रिकॉर्ड खोलकर काम निपटाना है। केवल बैंक मैनेजर को बोलिए कि वहीं गाँव में चलकर रिकॉर्ड खोलें और वहीं पहली किस्त का चेक बाँट देंगे। ठीक आइडिया था। ऐसे ही काम निपटेगा। उसी शाम को विधायक जी का आदमी आकर मेरी पोस्टिंग का नोटिफिकेशन दे गया। मनचाही पोस्टिंग। शतरंज की गोटियाँ सही दिशा में बढ़ रही थीं।

रात में खुशी से नींद नहीं आ रही थी। खुशी किसके साथ बाँटी जाए, समझ में नहीं आ रहा था। कार्यालय या कॉलोनी में बात लीक होने का मतलब था विस्थापितों के गाँव बसाने की कार्रवाई को धक्का। एक छोटे से स्वप्न की अकाल मृत्यु। इसीलिए यहाँ तो मुँह तो खोलना ही नहीं है! तभी पुष्पा का खयाल आया। इधर थोड़ा ज्यादा ही नजदीकी महसूस हो रही थी। लगता था, वह भी पास आने का बहाना ढूँढ़ती रहती। शायद उसे लगता हो मैंने ही उसके जीवन के इन कठिनतम क्षणों में साथ दिया है। नये रास्ते की तलाश में मेरा योगदान थोड़ा ज्यादा ही आँक रहा था उसका मन। जबकि मुझे मालूम था कि हमारे जैसे सबके सब शतरंज के गेम में अपनी-अपनी गोटी चल रहे थे और अपनी

ही गोटी लाल करने की फिराक में थे। लेकिन उस आदिवासी कन्या को कौन समझाए? जिसकी निश्छल निगाहें मुझे नायक की तरह निहारा करतीं। लेकिन सच तो यह था कि असली नायक उनकी सामुदायिक ताकत थी।

हाँ! पुष्पा। पुष्पा ही ठीक रहेगी। कल सबेरे की चाय उसके यहाँ ही पी जाए। बन्दोबस्ती का पर्चा भी दिया जाए और अपनी पोस्टिंग की बात भी चुपके से बताकर मन हलका किया जाए। सोचते नींद ने प्रार्थना स्वीकार की, किन्तु खूब सबेरे ही टूट गई। नहा-धोकर तैयार हो गया। सूर्योदय होते-होते जीप रामावतार मुखिया के दुआर पर। गाँव के अधिकांश लोग बाँध वाले झोंपड़ों में शिफ्ट हो गए थे। गाँव खाली-खाली लग रहा था। मुखिया जी भी नहीं थे और पुष्पा भी गायब। पुष्पा की आजी (दादी) मिली। अस्सी वर्ष से ऊपर उमर। बाल समूचा सफेद दूध-सा। काया अभी भी तनी हुई-सी। कमर झुकी नहीं थी। किन्तु हाथ में एक छोटी-सी लाठी थी सहारे के लिए। पुष्पा उन्हें चाला पच्चो कहती। चाला पच्चो, सरना माई, उराँवों की देवी। यह इलाका पहले उराँवों का था। वे ही राजा थे। उनके छोटानागपुर जाने के बाद इलाके के राजा चेरो हुए। किन्तु अब भी कुछ उराँव परिवार थे। सरना स्थल था। चाला पच्चो, सरना माई की कहानियाँ थीं। सफेद बालों वाली, देवी माँ, धन-धान्य बरसाने वाली। सफेद बालों वाली पुष्पा की आजी माँ। आदर से प्रणाम किया। पहचान गई। 'मुखिया बेटा तो नदी तरफ नहाने-धोने गए हैं और पुष्पा गई पूरब तरफ के जंगल में महुआ बिछने।' बैठने के लिए खटिया बिछाया। मन नहीं हुआ। बोला, 'टहल कर आता हूँ।'

महुआ गन्ध की तलाश। जंगल में एक फर्लांग पर ही दाहिनी ओर छतनार गाछ के नीचे वह थी। लाल पाड़ की सफेद साड़ी में। गाछ के नीचे तारों से बिछे महुए चुनते हुए और गुनगुनाते हुए–'डगर चलत देखलों मोंय डुंबारी फूल गे आयो/डुंबारी फूल गे आयो/पोखर पिंड देखलों तिलसाइर कनिया/का करब डुंबारी फूल गे आयो/का से करब आयो तिलासइर कनिया/जूड़ा में खोंसब आयो डुंबारी फूल/अपन साथे रखब आयो तिलासइर कनिया।'

राह चलते मैंने देखा गुल्लर के फूल रे माँ। तालाब के पिंड पर देखा रूपवती कन्या। गुल्लर के फूल का क्या करूँ माँ? रूपवती कन्या का क्या करूँ माँ? गुल्लर के फूल को जूड़े में सजाऊँगी। रूपवती कन्या को साथ

रखूँगा। तिलासइर कनिया-तिलासइर कनिया। अपन संगे रखब तिलासइर कनिया।

बुलबुल गा रही थी। फिजाँ में गुनगुनाहट तालाब में उठे जलवृत्तों की तरह प्रसार पाती क्षिति-जल-पावक-गगन-समीर सबको स्पंदित कर रही थी। ऊपर से महुआ की मादक गन्ध टप-टप। यहाँ-वहाँ महुआ-ही-महुआ। फूल और फूल...पोर-पोर में समाती गन्ध। तभी वह क्षण आया अकस्मात्। जिसकी पूर्व आशा नहीं थी। महुआ के संग टपका या गन्ध के साथ प्रकट हुआ। रक्ताभ होंठों पर खिला महुआ। रसविभोर महुआ होंठ। धरती-सी प्यास दूसरे होंठ पर टपका। आर्द्र स्पंदन, तरु-तृण, वनलता, कुसुम सबको कँपाने लगा। महुआ भी काँपा और पेड़ भी। देह वहाँ नहीं थी। बस एक गाछ था–महुआ का अपने ही रस से मदमाता। महुआ वन में लोप होने को आकुल। रस मदमाते गाछ से लिपट रही थी, वह क्या थी? कोई लता या गुलईंची की नाजुक कोमल डाली? संज्ञाहीनता में बस द्वैध का लोप था। वहाँ गन्ध में घुल गई दो इकाइयाँ नहीं थीं। बस एकात्मकता। गुलईंची की गन्ध महुआ गन्ध में घुलती हुई। नीले आकाश ने कब धरती की हरी प्यास की चुनरी ढलका दी। कब धरती ने आकाश के नीले चादर से अपने निरावृत चोटियों को ढँक लिया। कब कोई बादलों पर लेटी हुई अप्सरा, लोक से उतरी और पुरूरवा से प्रणय की अर्चना करने लगी। प्रकृति से खेलती थी प्रकृति। प्रकृति में डूबती थी प्रकृति। कहाँ? कोई पुरुष वहाँ था ही नहीं। वह तो प्रकृति में घुलकर रह गया था। प्रकृति का ही प्रतिबिम्ब मात्र। धरती का हरा बिछौना। आकाश की शफ्फाक नीली चादर। सूर्य और चन्द्रमा के दो तकिए। महुआ ने बिंधा गुलईंची को। गुलईंची ने मथा महुए को। प्रकृति ने केलि की प्रकृति से।

गिरता नक्षत्र नीचे कालिमा की धार-सा

सुबह गजल के बोल-सी, मादक, मदिर, मधुरतम। शाम भैंसे की लाश-सी भारी। दिमाग की एक-एक तन्त्रिका बोझ से टूटती हुई। क्या कह रहे हैं भीम सिंह? दखल दहानी नहीं हो पाएगी। क्यों नहीं होगी भाई? ऐसे कैसे होगा? मुझे कुछ समझ में नहीं आ रहा। आवास में सामने सोफे पर बैठे भीम सिंह की फुसफुसाहट भी कहीं दूर से आती लग रही थी।

'पलामू से सनलाइट सेना मँगाया है राघवेन्द्र,' भीम सिंह बता रहे थे–'साठ-सत्तर हजार से क्या कम खर्च किया होगा! पचास तो चन्दे दिया है। ऐसा फँसाया है हमको कि हम सपना में भी नहीं सोचे थे। इस गुहार का कमांडर है विश्रामपुर के मुरगा- मलबरिया गाँव का ललन सिंह, हमारे घर की मलकिनी के एकलौता सहोदर भाई। हमारे ही घर में ठहरे हैं और हमीं को गद्दार सिद्ध करे पर लगे हुए हैं। हम बनारस निकल रहे हैं सर! हमारे हाथ से बाहर चला गया मैटर। हो सके तो रामावतार चेरो और उसकी बेटी की जान बचा लीजिए, एतने कहेंगे। दखल दहानी का विचार छोड़ दी जाए। बहुत लहास गिर जाएगा।'

'ऐसा कैसे होगा? आप मँझधार में कैसे छोड़ सकते हैं?' मैं सर के बल नीचे जा रहा था, 'ऐसा करते हैं, कल सेकंड हाफ में दो बजे आपके पंचायत भवन पर मीटिंग रखी है। भुखला हरिजन की घर-निकासी की पंचायत है। आप मेसेज भेजकर राघवेन्द्र को वहीं बुला लीजिए। आप भी रहिए। तब तक कोई उपाय सोचता हूँ।'

...टैक्ट...टैक्ट...क्या है टैक्ट? क्या किया जाए? रात भर करवट बदलता रहा।

पंचायत भवन में राघवेन्द्र प्रताप सदल-बल पहुँचा। एकान्त में बात होगी। गाँव के बाहर शिवाला की ओर बढ़े। पिछवाड़े के नीम तले बातें हुईं। सबसे पहले मैंने अपनी पोस्टिंग का नोटिफिकेशन राघवेन्द्र को दिखाया और बात शुरू की–'पहले गुस्सा थूक दीजिए। हम अपनी ड्यूटी कर रहे हैं। आज यहाँ कल वहाँ। आप पहले बताइए कि इस अधिग्रहण के खिलाफ अपील किए हैं कि नहीं?'

'हाँ! कमिश्नर के यहाँ अपील किए हैं।'

'सीधे हाईकोर्ट में अपील कीजिए। केस ज्यादा मजबूत होगा अगर उन हरिजनों से अपील करवाइए जिन्हें भूदान की पर्ची मिली थी। इधर परती पर कुआँ का काम चलने दीजिए। घर का काम धीरे चलेगा। जब तक हाई कोर्ट का ऑर्डर आएगा तब तक परती सिंचाई के लिए कुआँ लगभग तैयार मिलेगा। फिर मय कुआँ परती आपकी। दूसरी ओर अगर सनलाइट ने कांड किया, लाशें गिरीं तो आप नहीं बच पायेंगे। राम जी पासवान पटना विधानसभा को नचाकर छोड़ देगा। उसको एम.पी. का इलेक्शन लड़ना है। इतना सुनहरा मौका नहीं छोड़ेगा। आप पटना मैनेज कीजिएगा तो अभी भी राम जी की पार्टी के एकहत्तर एम.पी. लोकसभा में

हैं। दिल्ली को झकझोरकर छोड़ देगा लोग। आदिवासी लोगों की हत्या गौहत्या से बढ़कर है आज के दिन। फिर बनता रहेगा डैम। करते रहिएगा पटवन, इसलिए मेरी बात मान लीजिए।'

मैंने गोटी ठीक चली। राघवेन्द्र मान गया। लेकिन मन भारी हो गया। छाती की धड़कन एकदम बन्द। लगा, अंचल अधिकारी ने उस नीम तले नरेन्द्र की हत्या कर दी। लेकिन लाश उसके ही कन्धों पर थी। बस्साती हुई। इसी सड़ती लाश के साथ शेष जिन्दगी गुजारनी थी।

सनलाइट सेना लौट गई। परती पर काम ने तेजी पकड़ ली। घर और कुआँ एक साथ। महतो कर्मचारी और रामावतार मुखिया बचपन के साथी थे। हाईस्कूल तक साथ-साथ पढ़े। रामावतार ही टॉपर थे जिला 1967 की मैट्रिक परीक्षा में। आगे पढ़ाई नहीं हो सकी। बचपन की दोस्ती अब निभा रहे हैं महतो जी। हर हफ्ते-चेक साइट पर।

परती पर जीवन ने गति पकड़ ली थी। रामावतार खुद अपने कुआँ में मिट्टी काट रहे थे। पुष्पा माँ-बहन के साथ घर की दीवारें खड़ी करने में राजमिस्त्री के साथ भिड़ी थी। कभी मसाला बनाते। कभी ईंट ढोते। भोजपुरी इलाके में मगही बोलने वाले मजदूर। परती पर ऐसे मजदूरों की अच्छी संख्या थी। लगता है डॉ. उदयन उर्फ अनिल भाई भी सक्रिय थे। समय की नब्ज उन्होंने थाम रखी थी। पाँच जेनरेटरों की व्यवस्था हुई। रात की दूसरी पाली में भी काम चलने लगा।

जीवेश जी और ऋषभ की खुशी का तो ठिकाना नहीं था। उन्हें मानो अपनी आँखों पर विश्वास नहीं हो रहा हो। ब्यूरोक्रेसी और जनान्दोलन का ऐसा मेल न उन्होंने कभी पढ़ा था, न सुना था। कभी डिजिटल कैमरा से फोटो खींचते, कभी वीडियोग्राफी करते। क्या करें, क्या न करें, उनकी समझ में नहीं आ रहा था। जल्दी-जल्दी नोट्स पूरे किए। अब दिल्ली वापसी की तैयारी। इस बार दीपा मेम को भी जाना था। एम.फिल. में एडमीशन ले रही थी। चेरो जनजाति पर ही काम करेंगी। ये लोग अपने को चन्द्रवंशी क्यों बोलते हैं? ये अपने को चौहानों का वंशज भी मानते हैं, दीपा मेम के चौहान शाखा और इनकी शाखा में क्या सम्बन्ध है? ढेर सारे सवाल हैं जिनके उत्तर ढूँढ़ने हैं। वैसे पुष्पा के साथ बैठकर कई बातें नोट की हैं। यह तो शुरुआत है।

राघवेन्द्र को लगा ठगे गए। घर निर्माण धीमा चलाने का वादा था जबकि घर सब तेजी से बन रहे थे। कुआँ में काहे नहीं रात में काम

होता है? फिर मिसिर बाबा के साथ पटना। एक मोटरी जनेऊ के साथ। इस बार ब्रह्मास्त्र खाली नहीं जाएगा। कभी खाली नहीं गया। सीधे मुख्यमन्त्री मिश्र जी के चरणों में–'हुजूर ई रोहतास के ब्राह्मण-राजपूतों का जनेऊ है, पूरे ढाई सेर। औरंगजेब है। मोगल है आपका डी.एम, एस.पी.। कौनो करम नहीं छोड़ा ऊँचा जात का। अब हटाइए, नहीं तो अनर्थ हो जाएगा। राघवेन्द्र बाबू को ऊ आदिवासियन को काटने में कई मिनट लगेगा लेकिन आपका-हमारा खयाल करके चुप बैठे हैं हुजूर। बहुत मानते थे इनको बाबूजी, पूर्व मंत्री साहब। इनके बाबूजी के पक्का दोस्त थे। अब आप ही गार्जियन हैं। खयाल कीजिए हुजूर! नींद तोड़िए।'

ब्रह्मास्त्र ने काम किया। सरकार की नींद टूटी। डी.एम., एस.पी., डी.डी.सी. सबका ट्रान्सफर एक साथ। विजय हो-विजय हो जजमान! मिसिर बाबा जिन्दाबाद! पूरा कैमूर पहाड़ लगता था कि जिन्दाबाद की आवाज से उड़ जाएगा।

रिलीविंग ऑर्डर आ गया। डी.डी.सी. से रिक्वेस्ट किया था कि स्वयं रिलीव होने के पहले मुझे रिलीव करवा दीजिएगा, नहीं तो फँस जाऊँगा। दो ही दिन में रिलीविंग ऑर्डर हाथ में। डी.एम., डी.डी.सी. के भी रिलीवर कल तक आने वाले थे। एस.पी. तो ट्रांसफर ऑर्डर मिलते सिद्धार्थ सर को चार्ज दे जिला छोड़ गए। उनको रहना था, यह एक सुखद बात थी। फिर भी जिस मोड़ पर आकर जाना हो रहा था, कुछ अच्छा नहीं लग रहा था। सोचा, रामावतार जी एवं पुष्पा को सारी बातें बताकर जाऊँ। वे लोग अनिल भाई से मिलकर जरूर उपाय निकालेंगे। सी.ओ. के काँधे की लाश अभी भी कभी-कभार धड़कती थी।

सारी बातें सुनकर रामावतार-पुष्पा ठकुआ गए। जैसे काठ मार गया हो। पलकें नहीं झपक रहीं।

'ई सनलाइट सेना वाला बात और हाईकोर्ट में अपील की महीन बात आपको कैसे पता चला? मनोहरपुर पंचायत भवन में मीटिंग और शिवाले के पिछवाड़े राघवेन्द्र से भेंट की खबर मिली थी किन्तु हम अफवाह समझे। आज समझ में आया। बात सच थी। ई बी.डी.ओ. में आपकी पोस्टिंग कैसे हो गई? पोस्टिंग का कागज भी दो महीने पहले का है।' रामावतार फफक-फफककर रो रहे थे और सवाल पर सवाल पूछ रहे थे। पुष्पा तड़फड़ाकर उठी, पच्च से थूका। घूमकर तेजी से चली गई। रामावतार देर

तक सुबकते रहे, 'अच्छा नहीं किए सर। अच्छा नहीं किए, जाइए हम माफ किए। आप खुश रहिए।'

...अच्छा नहीं किए...अच्छा नहीं। रात भर ट्रेन में नींद नहीं आई। राँची पोस्टिंग का सपना पूरा हुआ किन्तु खुशी कहाँ थी?...जाइए माफ किया। खुश रहिए...कहाँ है खुशी।...खुशी...महुआ गाछ...गन्ध...नहीं है खुशी। नहीं मिलेगी खुशी।

कॉमरेड अनिल की छीछालेदार हो गई। ब्यूरोक्रेसी पर भरोसा किया, अपनी लड़ाई पर, अपने साथियों पर नहीं। समझौतावादी रुख से क्या मिला–धोखा! जालिम ललन सिंह माँद में घुसकर चला गया। पता तक नहीं चला। डी.एम. की मीटिंग में मुलुर-मुलुर मूड़ी हिला रहे थे। पीछे हटिए। लड़ाई हम सँभालेंगे। पीछे और पीछे। अनिल भाई, डॉ. उदयन पीछे। किसान संग्राम समिति पीछे। लिबरेशन के हाथ में नेतृत्व। रामावतार-पुष्पा भी पीछे। दो-चार दिन अनिल भाई दिखे। कटी पतंग-सा यूँ ही बेमतलब हिलते-डुलते। फिर बिला गए। गुप्ताधाम की पहाड़ी पार था मिर्जापुर। मिर्जापुर से दिल्ली।

जे.एन.यू. का कैम्पस। कैमूर-सी हरियाली। लगभग तीन माह बाद सबसे भेंट होनी थी। दीपा मेम, जीवेश जी, ऋषभ, सबसे। छोटे भाई के एडमिशन के लिए आया था। समाजशास्त्र ही विषय था। जीवेश जी ने आश्वासन दिया था। पूरा भी किया। सारी औपचारिकताएँ पूरी हो चुकी थीं। अब एडमिशन होना था। इस बार मैं भी आ गया। कैम्पस में पैर रखते ही काँधे की लाश में थोड़ी हरकत शुरू हुई। सबसे मिलने का रोमांच, थोड़ी घबराहट। इन तीन महीने में चैनपुर में कुछ जरूर घटा होगा। रामावतार जी-पुष्पा जीवित भी हैं या नहीं। मन आशंकित था। कोई खबर नहीं मिली थी। एडमिशन फी भरी गई। भाई को उसके मित्रों के साथ छोड़ा। दीपा मेम साब के कमरे की ओर बढ़ा। वहीं मिलने की बात थी।

'पुष्पा! हाँ पुष्पा ही थी! पट्टियाँ! सर में, बाँह में, पेट में पट्टियाँ। सूखा-काला चेहरा। ठठरी देह। निगाहें शून्य। न परिचय, न अपरिचय। क्या हुआ मेम? कैसे हुआ?'

'आप लोगों के वहाँ से जाने के पाँचवीं रात को ही हमला हुआ,' मेम ने बात शुरू की, 'लिबरेशन वालों को खबर थी, दोनों ओर से फायरिंग होती रही। रात भर चली। पहली रात कोई हताहत नहीं हुआ। दूसरी रात

की फायरिंग ज्यादा मारक थी। रामावतार जी और उनके दो साथियों को गोली लगी। लिबरेशन दस्ता के दो कॉमरेड मारे गए। उधर भी कई लोगों को गोली लगी। राघवेन्द्र का भाई और क्रिमिनल करिया पांडे मारे गए। इन दो मौतों ने सवर्णों के सब्र का बाँध तोड़ दिया। दिन में ही सैकड़ों की भीड़ ने हमला बोल दिया। लिबरेशन दस्ता दिन की इस कार्रवाई के लिए तैयार नहीं था। न केवल परती के पूरे हो चले घरों को ढहा दिया गया बल्कि बाँध की झोंपड़ियों में आग लगाकर बच्चों, बूढ़ों-औरतों को झोंक दिया। पुष्पा की आजी माँ को भी नहीं छोड़ा। चाला पच्चो भी जिन्दा जला दी गई। जो सामने आया, उस पर तलवार-गँड़ासे, कट्टे, रायफल चले। पुष्पा की देह को जंगली भैंसों का पूरा झुंड रौंदते हुए गुजर गया। जैसे केवल रौंदने से मन नहीं भरा तो सींगों से बींध दिया। पूरे देह में तलवार-चाकू की मार। संयोग ही कहेंगे कि सिद्धार्थ जल्दी पहुँच गए नहीं तो इतना खून बहा था कि क्या बचती? अभी भी कहाँ जिन्दा है? न किसी को पहचान पाती है, न बोल पाती है। खबर मिलते ही हम लोग गए थे। यह कोने के पीतल-घड़े में वहीं के मृतकों की राख है।

'पटना के मीडिया टाइकूनों का कहना था कि सत्रह मृतकों की खबर को कितना हाईलाइट किया जाए? लक्ष्मणपुर-बाथे में उनसठ लोग मारे गए थे। उससे बड़ी संख्या हो तभी तो इम्पोर्टेन्स मिले।

'उधर आपके विधायक रामजी पासवान विधानसभा समिति के साथ विदेश दौरे पर हैं। लोकसभा तो छोड़िए, विधानसभा में भी ढंग से बात नहीं उठी।

'कल हम लोग इस राख और पुष्पा के साथ राजघाट में धरने पर बैठने वाले हैं। डॉ. उदयन भी रहेंगे। आजकल उन्होंने हिन्दुस्तान जन संगठन जॉइन किया है। यह रिटायर्ड आई.ए.एस. अफसर वर्मा जी का संगठन है, जो गांधीवादी तरीके से आदिवासी हक की लड़ाई लड़ते हैं। आज राँची से कुछ एक्टिविस्ट, बुद्धिजीवी और पत्रकार फ्लाइट से आने वाले हैं। कैम्पस में ही ठहरेंगे। तब तक मैं धरने पर बैठने के लिए ढंग का ड्रेस लेकर आती हूँ। कनॉट प्लेस खादी स्टोर में डिजाइनर कुर्ते मिलते हैं। आप भी चलेंगे?'

जाने की इच्छा नहीं थी। जल्दी आने को कहकर दीपा मेम निकलीं। मेरे काँधे की लाश की धड़कन तेज हो रही थी। सामने की जिन्दा लाश

को वह छूना चाह रही थी। शायद महुआ गन्ध की स्मृति भी साँसें भरने लगे। बस, एक स्पर्श। क्या यह मन के कोने में सोई नेक्रोफिलिया थी? शव के साथ रमण की कामना। बीभत्सता, पशुता। नहीं, बस एक लाश दूसरे लाश के गले मिलना चाह रही थी ताकि जीवन की साँसें शुरू हों। मेरी उँगलियाँ कॉपीं। तभी पुष्पा की शुष्क नीली झील में कुछ कौंधा! क्या पहचान की चमक? भूली हुई गन्ध? लेकिन तभी पच्च से थूकने की आवाज गूँजी।

(कथादेश' : अखिल भारतीय हिन्दी कहानी प्रतियोगिता–2005 में प्रथम पुरस्कार प्राप्त कहानी)

वह बस धूल थी

सबसे पहले आपको पुराने अखबारों की फाइल दिखाता हूँ। यह रही 1999 की फाइल और उसमें 23 मार्च का यह अखबार। अब खेल वाले पन्ने को देखिए। एक धुँधली-सी तस्वीर दिख रही है। अरे भाई! इसी दिन अपनी महिला हॉकी टीम, एशिया कप जीतकर लौटी थी। गौर से देखिए, ठीक बीचोबीच रोजलीन तिर्की कैप्टन और उसकी दाहिनी ओर सटी लम्बी-सी लड़की। जरा ध्यान से देखिए। शिल्पा शेट्टी। अरे नहीं, जेनिफर लापेज। धत्त महाराज! आप तो कॉलेजिया लड़कों जैसी बात बना रहे हैं। इंडियन हॉकी टीम में इन लोगों का क्या काम? अरे भई, यही तो सोमा कुजूर है जिसके बारे में इतनी देर से बताना चाह रहे हैं। टीम की सबसे तेज फारवर्ड। इसी के गोल से स्वर्ण पदक मिला।

अरे! आपका कोई दोष नहीं है। अपने महिला कॉलेज के गेट तक पहुँचते-पहुँचते रोज ऐसे बोल सुनने की आदत हो गई थी सोमा को।

गाँव प्रधान, पाहन बाबा उसे बिन्दी पुकारते। धरती माँ की बेटी, जो खेलते-खेलते पाताल लोक जा पहुँची। वहाँ से लौटने का सवाल ही नहीं। यहाँ पेड़-पौधे सब व्याकुल। पंछी-पखेरू भी बिलखने लगे। धरती माँ भी हाहाकार करने लगी। लेकिन पाताल देवता मानने को तैयार नहीं। ऐसी वापसी होने लगे तो जन्म-मृत्यु के चक्र का क्या होगा? नहीं! संभव नहीं। बहुत मनावन। बहुत विनती। तब जाकर पसीजे पाताल देव। जाइए! साल में एक बार बिन्दी धरती पर जाएगी। फिर क्या था? जिस दिन बिन्दी धरती पर आती, सारे पेड़-पौधे नए-नए कोंपल फेंकते, गुलाबी-लाल। सखुआ गाछ फूलों से लद जाते। लोग खुशी में सरहुल पर्व मनाते। वही सरहुल पर्व वाली बिन्दी, महुआ टोली के सरपंच घर पधारी हो बाबा! बहुत खुशी की बात। बहुत-बहुत आशीर्वाद। कहानी सुनाते भावुक हो जाते पाहन बाबा।

लेकिन हवा में उड़ने वाली नहीं थी सोमा। उसने अच्छी-अच्छी खिलाड़िनों का हश्र देखा था। सुशांति गुड़िया से भी तो मिली थी। सुशांति ने नेशनल-इंटरनेशनल हॉकी में काफी नाम कमाया था। सर्टिफिकेट्स और मेडल्स की बारिश। किन्तु नौकरी के नाम पर ठेंगा। अब वही पुराना धन्धा रेजा-कुली का। माथे पर ईंट ढोती सुशांति को देख मन रोने-रोने को हो आया।

सो, सोमा के पाँव धरती पर ही रहते। उसे मालूम था उसके कॉलेज की पढ़ाई बाबा (पिता) को कितनी भारी पड़ रही थी। दस-बारह एकड़ जमीन की ही खेती। उसमें भी टाँड़-टुँगरी शामिल। दादा (बड़े भाई) की आटा-चक्की घाटे में ही चलती। जरूरत से ज्यादा सीधे थे दादा।

कोयल नदी के किनारे था उसका गाँव महुआ टोली–थाना गोविन्दपुर, जिला शीतला। राजधानी से मात्र सत्तर-अस्सी किलोमीटर दूर। किन्तु गाँव पहुँचने में लगते थे आठ घंटे। बरसात में पहुँचना असम्भव। बहुत चौड़ी पाट कोयल की। लेकिन पुल कहाँ था? उराँव लोग जिन दो नदियों के किनारे बसे, वे हैं कोयल और शंख। दोनों के चौड़े- चौड़े पाट और पुल नदारद। अब काहे बसे? तो इसका भी एक ठो किस्सा है सुनिए–

बहुत दिनों पहले दो उराँव बहनें मामा के घर रहती थीं। उनके माँ-बाप नहीं थे किन्तु मामा का प्यार उनकी कमी अखरने नहीं देता। लेकिन मामा जितना मानते मामी उतनी ही चिढ़ती। आषाढ़-सावन का महीना रहा होगा। मामी को आभास हुआ जबरदस्त आँधी-पानी आने वाला है। उसने जान–बूझकर दोनों भानजियों को खेत पर मिट्टी कोड़ने भेज दिया। कुछ ही देर में दोनों आँधी-पानी में फँस गईं। मामा भानजियों को घर पर नहीं देखकर ढूँढ़ने निकले। बहुत खोजा। आँधी-पानी से थक हताश-निराश लौट रहे थे कि पगडंडी पर दो साँपों पर नजर पड़ी। साँपों ने मामा कहकर पुकारा, बताया वे ही उनकी भानजियाँ हैं। किन्तु अब लड़की नहीं बन सकतीं, नदी बनकर बहेंगी। अपने उराँव समाज के लोगों को कहिएगा कि वे हमारे किनारे ही बसें। वे उनका पालन पोषण करेंगी और उसी दिन से दो नदियाँ बहने लगीं। उनका नाम उन दोनों बहनों के नाम पर कोयल और शंख पड़ा। उराँव समाज इन्हीं के किनारे बसा-बढ़ा।

रोजलीन दी को टाटा कम्पनी की अपनी नई-नई नौकरी और नई-नई शादी दोनों रुचने लगी थीं। प्रैक्टिस में नागा। अब सोमा का कैप्टन बनना तय था। कोच भी इशारा कर चुके थे। केवल घोषणा होनी

ही बाकी थी। अगले साल कॉमन वेल्थ में गोल्ड मेडल और उसकी भी नौकरी पक्की। बी.एड करने का भी इरादा था। उसे हॉकी के बाद पढ़ना-पढ़ाना ही भाता था। और न जाने क्या-क्या सोचती सोमा शाम की प्रैक्टिस के बाद हॉस्टल लौट रही थी। थककर चूर। पसीने से नहाई। पहुँचते ही ममेरे दादा दिखे। चेहरा देखते ही अनहोनी की आशंका हुई। आँखें फड़कने लगीं। सच में बज्जर गिरा था। बाबा नहीं रहे। धान रोपनी के लिए खेत में कादो कर रहे थे। थोड़ी शाम हो चली थी। कई लोग खेतों में थे। फिर भी कहाँ से आया वह काल। करिया गेहुँअन बाबा के पैरों के नीचे। अस्पताल भी नहीं पहुँच पाए। रास्ते में दम उखड़ गया।

बाबा नहीं हैं। कई दिनों तक विश्वास ही नहीं हुआ। लगा हाट-बाजार पर-पहुनई करने गए हैं, लौटकर आ जाएँगे। धीरे-धीरे दुख का एहसास होने लगा। छाती में ऐंठन होती रहती। माथा घूमता रहता। कैसे चलेगा सब? किसके भरोसे घर-गृहस्थी? इतनी जल्दी जाने की भी क्या हड़बड़ी थी? बीमार-बीमार-सी रहने लगी। जरूरी था कोई काम किया जाए। खाली बैठे रहने से बाबा की ज्यादा याद आती। स्कूल में पढ़ाना शुरू किया। बात खूब जमी नहीं।

भाई के साथ आटा-चक्की पर बैठने लगी। केवल उसके बैठने और ठीक हिसाब-किताब रखने से चक्की अच्छी आमदनी देने लगी। चार छह महीने में धान कूटने की भी मशीन आ गई। इसके बावजूद सोमा का मन नहीं लगता था। लगता उसका अपना एक स्कूल हो जिसमें ढेर सारे उछलते-कूदते फूलों की लहर। फूलों की एक झील आँचल में लहराती। नन्हे फूलों के हाथ में नन्ही-नन्ही हॉकी स्टिक।

मन में अपने स्कूल खोलने के सपनों का बीज-बिचड़ा बोए सोमा को तीन-चार माह ही हुए थे कि खबर मिली कुछ लोग गाँव में स्कूल खोलने के लिए जमीन खोज रहे हैं। साथ में एन.जी.ओ. भी चलाएँगे। चार लोगों में से एक आनन्द भगत को तो गाँव वाले पहचान ही रहे थे। प्रखंड के उप-प्रमुख परमेश्वर भगत के लड़के, कहीं एग्रीकल्चर यूनिवर्सिटी में पढ़ते थे। टीम लीडर थे सोमनाथ। बेलागंज ब्लॉक के। बाजारटाँड़ में ही घर था, वहीं बाबू जी जनसेवक की नौकरी कर रिटायर हुए थे। एक भेटनरी डॉक्टर, रमेश उराँव और एक बाग-बागवानी वाले।

उपप्रमुख जी की बहुत इज्जत थी इलाके में। आनन्द दा को भी सभी मानते थे। अखड़ा में बृहस्पतिवार को विचार हो रहा था। सोमा ने भी अपने

आँचल वाली झील के मंजर दिखाए। उसके संतरंगी सपनों के रंगों से सबके चेहरे चमक उठे।

नावाटोली, सोमा के गुलईंची टाँड़ में स्कूल चल निकला। सरना विद्या मन्दिर, तीन कच्ची कोठरियों में। बगल में ही थोड़ी दूर पर 'सरना सेवा संस्थान' के कच्चे-पक्के कमरे भी धीरे-धीरे रूप धर रहे थे। रहने-खाने-पीने के भी कमरे बनने थे, सब धीरे-धीरे...।

सोमनाथ, आनन्द दा और उनके दोस्त लोग हमेशा पानी की बात किया करते। हरदम यही चिन्ता कि बारह से पन्द्रह सौ मिलीमीटर की बारिश कहाँ चली जाती है? आखिर अभी तक मात्र आठ प्रतिशत भूमि ही क्यों सिंचित है? चारों साथी पहाड़-टुँगरी घूमते। वर्षाजल का बहाव ढूँढ़ते रहते। कहाँ-कहाँ, कैसे-कैसे रोका जा सकता है? कहाँ गाछ लगाकर? कहाँ बस मेंड़ चौड़ा करके, कहाँ मिट्टी बाँध से? ढेर-ढेर योजनाएँ। खूब बतियाते। खूब घूमते। आकर कागज पर डिजाइन बनाते। कुछ लिखते, आँकड़े भरते।

साथ बैठ-बैठकर सोमा को मालूम हुआ कि वे अचानक इस गाँव में नहीं आए थे। आनन्द दा की मदद से खूब जानकारी ली थी। उनके अनुसार इस गाँव ने बहुत बर्बादी झेली थी। आगे भी कठिनाइयाँ आने वाली थीं। पहाड़ी के ऊपर चौरस क्षेत्र पाट कहलाता था जिस पर बॉक्साइट के माइन्स थे। ओपन कास्ट माइन्स ने आस-पास मुरूम की टुँगरी खड़ी कर दी थी, जो वर्षा जल बहाव के साथ नीचे धनहर खेतों की उर्वरा खत्म कर रही थी। जंगल की कटाई अलग। पहले सड़े-गले जंगल के पत्ते बहकर खेतों में आते थे तब मिट्टी काली थी, ताकत से भरी हुई। कपास भी खूब होता। अब तो कपास स्वप्न हो गया और बुनकर जाति, चिकबड़ाईक उजड़ गई। और न जाने क्या-क्या?

अन्त में, वही बात कि अगर पानी नहीं बचा तो यह आदिम-सभ्यता नहीं बचेगी।

सोमनाथ तो गजब थे। हमेशा अपने में गुम। खोए-खोए। कुछ सोचते या लिखते, डिजाइन बनाते। उसे याद नहीं कि कभी उसे गौर से भर नजर देखा हो। सोमा को चिन्ता होने लगी। जब से होश सँभाला उसे एक भी पुरुष ऐसा नहीं मिला, जो उसे देखने के बाद दुबारा नहीं देखना चाहता हो। लेकिन सोमनाथ को देखकर उसे लगने लगा कि गाँव में रहते-रहते उसने आकर्षण खो दिया है। घर में बड़ा आईना था नहीं। भोरे-भोर नदी

में नहाने गई और अपने बिम्ब को गौर से देखा। वह तो वैसी ही थी जैसी कॉलेज के दिनों में। इस सोमनथवा के ही दिमाग में कोई खोट थी। एकसुरा साला। पानी के सिवाय इसे कुछ सूझता ही नहीं। चेहरे पर इतना पानी है उसे दिख ही नहीं रहा। अलबलाहा है ई पगलेट। अलबलाहा कि अलबेला, मन ने टोका। क्या जाने?

साथ काम करते-करते साल भर हो गए। इस बीच टीम और भी बड़ी हुई। स्कूल में भी शिक्षक-शिक्षिकाएँ, बच्चे बढ़े। उसके सपने अब घुटरुनु चलने लगे थे। बाबा के गुजरने का घाव इस स्कूल ने भर दिया। एक बात और उसने गौर किया कि सोमनाथ का थोड़ा ज्यादा ही खयाल वह रखने लगी थी। उसे 'उन' पर बहुत दुलार आता। लगता कि वह अपने हाथों से रसोई पकाए, 'उन्हें' कौर-कौर खिलाए और गदबदा बच्चा बना दे। पढ़ाते-पढ़ाते भी रसोई में झाँक जाती। कभी-कभी सब्जी अपने हाथों रच-रचकर पकाती। खाना पकाने वाली बूढ़ी आँचल मुँह में डालकर हँसती रहती। उसे समझ में नहीं आता, यह बेमतलब क्यों हँसती है?

तभी एक दिन अचानक वह बूढ़ी की हँसी का रहस्य जान गई। आँय हो बाबा! ई तो ईजूवन-वीजूवन की राजकुमारी और कोयल के किस्सा वाला हाल। राजकुमारी को बाग के खास पेड़ का आम पसन्द आ गया, जिसे कोई तोड़ नहीं पा रहा था। यहाँ तक कि पास से गुजरता राजकुमार भी ठिसुआकर वापस हो गया। जैसे ही तोड़ने वाला आम तक पहुँचता, आम और ऊँचा हो जाता। अन्त में डुगडुगी पिटाया–जो भी आम तोड़ देगा, उसी से राजकुमारी शादी करेगी। लेकिन कोई फायदा नहीं। पेड़ पर बैठे कोयल से देखा नहीं गया, उसने आम गिरा दिया। राजकुमारी ने जिद कर दी कि वह कोयल से ही शादी करेगी। माँ ने समझाया। भाभी ने समझाया। गाँव के बड़े-बूढ़े, पाहन-पुजार, मुंडा-महतो सबने समझाया। ना बेटा। ना बुच्ची। यह सम्भव नहीं। कोयल तो गैर जात, आज इस डाल कल उस डाल! पंछी का क्या भरोसा! तुम राजकुमारी हो जिस राजकुमार को कहो हम उसे मना कर ले आएँ। लेकिन राजकुमारी ने खटवास-पटवास ले लिया। उसे तो यही वाला कोयल चाहिए। सोमनथवा कोयल। दूल्हा बनाएगी तो इसे ही, नहीं तो क्वाँरी ही मरेगी। माँ आँचर पसारकर निकली। सबके दुआरे-दुआरे बेटी की खुशी की भीख। पाहन-पुजार पिघले। मुंडा-महतो माने। चार ठो

खस्सी। सौ किलो चावल। गाँव-समाज को भोज। सबसे आशीर्वाद। किस्सा वाली बात सच हो गई। राजकुमारी और कोयल की शादी। मँड़वा में सखी-सहेलियों, भाभी-चाचियों ने गीत गाए। पेड़-पर्वत , नदी-झरनों ने सुर मिलाए।...एक ठेपा सेन्दुरा पर पराया कर दी माँ / ...तीन डाली हल्दी पर पराया कर दी माँ...

विदाई के समय राजकुमारी को बाबा की बहुत याद आई। कब का जमा हुआ बाँध टूटा। फटे कलेजे का विलाप। बच्चों जैसी फूट-फूटकर रोई।

नवाटोली के उस गुलईंची टाँड़ पर राजकुमारी की डोली उतरी। उस रात चाँदनी ज्यादा दूधिया थी। ज्यादा शीतल, ज्यादा चमक भरी। राजकुमारी चाँदनी-नदी में नाव खेने को बेकरार। वह कभी गुलईंची बनने की जिद कर रही थी तो कभी रातरानी बनने की। उसे बस खुशबू बनना था। देहहीन खुशबू, जिसे कोयल अपनी साँसों में भर ले और सीने में सदा के लिए छुपा ले। ऐसे भी राजकुमारी का गोत्र था कुजूर, एक जंगली फूल। जिसके मकरंद अक्षत होते थे और खुशबू अन्तहीन। बस नेह से सहेजने की जरूरत थी। साँसों की हरारत और पोरों की छुअन से इस कुजूर फूल में माँदर बजने लगते।

लेकिन अभी-अभी बच्चों-सी बिलखने वाली राजकुमारी को लेकर कोयल के मन में भारी शंका थी। लेकिन वह तो राजकुमारी थी, जिसे न सुनने की आदत कहाँ! उसने कोयल के इनकार को इकरार ही समझा। और उसी रात राजकुमारी की पलकों से, होंठों से, पोर-पोर से कच्चे धान का दूध टपका। सारी रात टपकता रहा और नदी बन गया। मीठे दूध वाली नदी।

वैसे भी उराँव स्त्रियों के नदी बनने की पुरानी आदत ठहरी। लेकिन यह कच्चे धान की दूध वाली मीठी नदी घर-आँगन में सिमटकर नहीं रह सकी। वह चौखट से बाहर निकली। पाट चौड़ा होता गया। आस-पास के गाँव समाते गए। जलछाजन का प्रोजेक्ट जमा करने के बाद टीम हाथ पर हाथ धरे बैठी नहीं थी। खुद से और लोगों के साथ मिलकर वर्षा बूँदों को रोकने की भरदम कोशिश शुरू हुई।

शुरू-शुरू में भारी दिक्कत। बरसों-बरस से ब्लॉक ऑफिस ने पंडित जी के प्रसाद जैसी योजनाएँ बाँटी थीं। मीठा वाला ईलाइची दाना। दू गो आप, चार दाना आप। आप भी ले ही लीजिए, काहे दूर खड़े हैं!

नतीजा यह कि आजा-दादा-पुरखा-पुरनियों ने एक-एक धागा जोड़कर समाज की जो चादर बुनी थी, वह छितरा गई। एकदम चिथड़ा-चिथड़ा। धागा-धागा अलगाया हुआ। फिर से जोड़ने में बहुत मशक्कत। लेकिन मीठी नदी के जल ने बहुत काम किया। सोमा के जिम्मे औरतों के स्वयं सहायता समूह खड़ा करने का काम। तीन सालों में इन समूहों की औरतों के पोल्ट्री- व्यवसाय ने राजधानी के बाजार पर कब्जा कर लिया। अब तो मुर्गीदाना की छोटी यूनिट भी अपनी। खर्चा घटा। आमदनी बढ़ी। वर्षा बून्दों ने धरती में जाकर अपने को सहेजा, सूखे कुओं और पोखरों से झाँकने लगीं। पुरखा-पुरनिया के जमाने के आहर-पाइन भी जागने लगे। कच्चे धान की दूधवाली नदी की मिठास सबकी जुबान को मीठा करने लगी।

ईजूवन-बीजूवन की राजकुमारी और कोयल की कहानी वाले राजकुमार को भी तो आना था। गोविन्दपुर ब्लॉक में पहली बार आदिवासी ब्लॉक डेवेलपमेंट ऑफिसर–अनिल लकड़ा। यहीं आखिरी पंचायत के अम्बाटोले में ननिहाल था। अपने नाना-मामा लोग तो बड़े पोस्ट पर उनके गोतिया-नाता गाँव में थे। सगा-सम्बन्धी, भगिना बी.डी.ओ. का भारी स्वागत। बहुत खुशी। ऊपर नेहरू जी और बेरियर एल्विन की आत्मा परम तृप्त। आकाश से बहुत फूल बरसाए। इन दोनों का तो यही मानना था कि आदिवासी इलाके में बाहरी लोगों को कम-से-कम भेजा जाए। इनका प्रशासन इनके ही लोग चलाएँ। आज जाकर सपना पूरा हुआ।

बी.डी.ओ. अनिल लकड़ा बड़े उराँव परिवार से। माँ-पिता दोनों डॉक्टर। मौसा केन्द्र में मंत्री रह चुके। सगे-सम्बन्धी ऊँचे पोस्ट पर। देखने- सुनने में सुंदर। बहुत मीठी बोली, उतनी ही मीठी मुस्कान। ले बल्लैया, स्कीम रजिस्टर देखते ई मिठास-उठास हवा-मिठाई जैसा गायब। इतना-इतना आवंटन। एक साल में दो-दो करोड़। चेहरवे बदलने लगा। हूबहू कोरंगा राजा के किस्सा वाला जादू।

बहुत पुराने जमाने की बात है कि इसी राज्य में एक राजा राज करता था, नाम था कोरंगा। एक दिन कोरंगा राजा अपनी सेना के साथ शिकार खेलने जंगल की ओर निकले। शिकार की खोज में घूमते-घूमते राजा एक महमहाते फूल पर मोहित हुए। गन्ध से मदमत्त भटकते, दीमक की बाम्बी में देह रगड़ी। चमत्कार हुआ, राजा बाघ में बदल गया। सेना डरकर भाग गई। राजा बहुत देर तक बाघ रूप में जंगल में भटकता रहा,

अचानक उसका शरीर 'होश' नामक वनस्पति से टकराया और वह अपने पुराने रूप में आ गया।

बी.डी.ओ. अनिल लकड़ा जैसे-जैसे स्कीम रजिस्टर और कैश बुक में डूबे, नशा छाता चला गया। ज्यों ही योजनाओं में जाकर देह रगड़ी, कमीशन झरने लगा। फिर क्या था! बी.डी.ओ, कोरंगा राजा की तरह बाघ में बदल गया। किन्तु पुराने जमाने की तरह गर्जन-तर्जन से कोई भागा नहीं। ब्लॉक ऑफिस के स्टाफ जनमते ऐसे-ऐसे कई बाघ-हुड़ार, सियार-बिलार देख चुके थे। देखते-देखते यह भी अन्दाजा लगा लिया कि कौन जानवर कहाँ सहलाने से पोस मानता है। सो सब बाघावतार का तलवा चाटने, पूँछ सहलाने में लग गए। दौड़-दौड़कर खुद ही शिकार ला-लाकर नयका कोरंगा राजा को पेश करने लगे।

तलवा चाटने, शिकार लाने में बेसी तेज थे पंचायत सेवक कामेश्वर सिंह। राजा के शिकार से बचे-खुचे पर ही जिन्दगी। हुजूर! माई-बाप! ई जाँघ वाला मँसवा में थोड़ा सा इधरो। हे मालिक! कलेजिया में एक कट्टा।...दूर साला! भाग अभी।

नयका कोरंगा राजा की 'होश' वनस्पति गोविन्दपुर ब्लॉक की सीमा के ठीक बाहर थी। जैसे ही जीप 'स्वागतम्' वाला साइनबोर्ड पार करती, वे बाघावतार से मानवावतार में वापस आ जाते। फिर वही मीठी मुस्कान, सुमीठे बोल।

सब पुराने ही ढर्रे पर चल रहा था। तभी 'सरना सेवा संस्थान' का जलछाजन का प्रोजेक्ट पास होकर आ गया। एकमुश्त राशि भी सीधे संस्था को। यही बात नयका कोरंगा राजा को अखर गई।

वैसे भी सोमनाथ उन्हें फूटी आँखों नहीं सुहाता था। कहाँ-कहाँ से बहल-दहल-उड़ल कोयल पंछी आकर इलाके की राजकुमारी को ब्याह लिया। जिस पर कायदे से उनका हक बनता था। ऐसा कभी नहीं हुआ कि जहाँ उनकी पोस्टिंग हो, वहाँ एक ठो पटरानी नहीं हो। गोविन्दपुर में ही ई सब की दिक्कत। पटरानी होने लायक राजकुमारी को ई कोयलवा घोंसले में छुपाए था। ऊपर से कमीशन वाली खुराकी भी गायब। ई तो बाघ होने पर धिक्कार जैसी बात थी। कामेश्वर सिंह को एक धौल जमाया—ई तमाशा अब बन्द होना चाहिए।

उधर राजकुमारी सोमा कुजूर और कोयल सोमनाथ की गृहस्थी में नए पात्रों का प्रवेश हुआ। तपती दुपहरिया में देखे कि सोमनाथ के

माँ-बाबूजी हाजिर। बोरिया-बिस्तर के साथ। समूचा टोला हैरान। आँय–भाय अभी तलक कहाँ थे? न शादी में शामिल हुए, न उसके बाद ताकबो किए कि कोई जीता है कि मरता है? अचानक पुत्रप्रेम कैसे उमड़ा। इसका जवाब तो सोमनाथ के पास था, लेकिन बोलना उचित नहीं। रिटायरमेंट तक उसके बाबूजी ने बी.डी.ओ. लोगों की चमचई और ठीकेदारी के अलावा किया ही क्या था? उनके सेवा किए हुए साहब लोग अब जिला के मालिक हो गए थे। इसीलिए जलछाजन की मोटी रकम संस्था को मिल रही है यह पता करना कौन कठिन काम था। जैसे दूध की गन्ध बिलार को लग जाती है वैसे ही पैंतीस लाख के आवंटन की गन्ध रामाशीष झा को लग गई थी। बेलागंज में बड़ा बेटा ओमनाथ की ठेकदारी जम ही गई थी। ई पैंतीस लाख में कुछो भेटा जाए तो क्या हर्ज?

इन्हीं लक्षणों से सोमनाथ ने पिता से एक तरह से सम्बन्ध तोड़ ही लिया था। पॉलिटेक्निक की पढ़ाई ट्यूशन करके पूरी की। डिप्लोमा पाए भी नहीं थे कि बेचने की तैयारी मुकम्मल। चुपके से घर से निकला सीधा अण्णा हजारे के यहाँ रायलसिंधे गाँव। वहाँ से गया, सबदो में सरिता-महेश के साथ काम करते आनन्द भगत से भेंट हुई। उन्हीं के साथ महुआटोली। पर परिवार से लगभग सात-आठ साल की दूरी को पैंतीस लाख की गन्ध ने मिनटों में पाट दिया।

उधर आल-जाल, गुलेल-तीर, लस्सा-पिंजरा सबकी एकदम टंच व्यवस्था बहेलिया कामेश्वर सिंह ने कर ली। इस बार कोयलवा को तो फँसना ही था। ठीक 'सरना सेवा संस्थान' से सटे नाला पर अट्ठाइस लाख के डैम का काम शुरू। मेठ-मुंशी नवाटोली का ही दो ठो मनबढ़ू लड़के। जो होगा समझ लेंगे। सिंह जी का पीठ पर पूरा हाथ। इधर संस्था के ऑफिस में खलबली। स्वीकृत जलछाजन क्षेत्र में मनमाना काम कैसे? जिला प्रशासन के साथ एग्रीमेंट है। खुद डी.डी.सी. और बी.डी.ओ. ने भी साइन किया है।

दौड़े-दौड़ ब्लॉक ऑफिस। पहले बी.डी.ओ. साहब से समझा जाए। वहाँ जाकर मालूम हुआ राजा साहब दूसरी दिशा में शिकार पर निकले हुए हैं। भेंट नहीं होगी। टीम आगे बढ़ी। जिला में डी.डी.सी. के चैम्बर में। योजना स्वीकृति की लिस्ट से मिलान। न, नहीं है कोई भी योजना नवाटोली गाँव के नाम से स्वीकृत। डैम वह भी अट्ठाइस लाख का। हाँ!

आपके ही ब्लॉक में दूसरे मौजे के लिए एक अट्‌ठाइस लाख का डैम पास है लेकिन वह तो रामपुरहाट के नाला पर है। नवाटोली में कैसे बन सकता है?

दूसरे दिन फोटो के साथ कलेक्टर के दुआर पर। कलेक्टर उसके लक्षणों से पूर्व परिचित थे। यह गोविन्दपुर बी.डी.ओ. कुछ भी कर सकता है। रोज चार शिकायतें उसके खिलाफ मिलती रहती हैं। इस बार कुछ करना होगा। एक जाँच टीम जाएगी।

बाघावतार बी.डी.ओ. भारी नाराज। क्या बूझ लिया है ई एन.जी.ओ. कि हम झुक जाएँगे। अरे! एक स्कीम पर आज झुकने का मतलब है कल सत्रह स्कीम पर झुकने के लिए तैयार रहना। तब तो हो चुकी बी.डी.ओ. गिरी। कमा लिये कमीशन। लड़ लिये अगला विधायकी का चुनाव। और खाली चुनाव की ही बात तो नहीं है, एक ठो भितरिया बात भी है। जी. टी. रोड वाली कोल्ड ड्रिंक की बड़की कम्पनी को मीठे पानी का डैम चाहिए। वह भी सड़क से नजदीक। महुआटोली के इस फुलझर नाला से नजदीक और कहाँ डैम बनता? कम्पनी एक सैंट्रो गिफ्ट में देने वाली थी। चुनाव हारने पर एक्सक्यूटिव की नौकरी की संभावना। ई गेम में दोनों हाथ में लड्डू।

एक तो बाघावतार को पूरा भरोसा था कि गोविन्दपुर नक्सल प्रभावित एरिया के डर से कोई टीम आएगी ही नहीं, अगर आ भी गई तो उसका भी इन्तजाम-बात हो जाएगा।

गोविन्दपुर में नक्सली आतंक का एक अलग फंडा था। अब यह ब्लॉक तीन जिला और दो-दो राज्यों के सीमाने को छूता था और ईजूवन-बीजूवन जैसे ढेर सारे घने-घने वन। सो कॉमरेड भाई इस ब्लॉक को कोरीडोर बनाए हुए थे। सही माने में 1989 से अब तक दो एक्शन किए थे। एक सिवाना पंचायत के जालिम मुखिया का रायफल-बन्दूक छीनना। दूसरे मंगरा कच्छप क्रिमिनल की मुड़ी छोपाई, जो पार्टी के नाम पर लेवी वसूल रहा था। लेकिन थाना को तो मौज हो गई। सारा बड़ा क्राइम नक्सलियों के खाते में। जाँच से छुटकारा। ड्यूटी खत्म। डॉक्टर-अफसर-स्टाफ को फील्ड जाने से मुक्ति। बिना फोर्स के कैसे जाएँ? जिन्दगी की गारंटी लीजिएगा? पेशेवर अपराधियों ने भी खाकी वर्दी सिलवा ली। एम.सी.सी. जिन्दाबाद! करते घूमने लगे। नक्सल के नाम पर सबको आनन्दे-आनंद।

गोविन्दपुर की सीमा में घुसते ही बीच जंगल मे कटहल मोड़ पर जीप रोक दी गई जाँच टीम की। रोड पर बड़ा-बड़ा बोल्डर। ठीक पुलिया के पास। कहते हैं उस नाले में आज भी बाघ पानी पीने उतरते हैं। पूरी टीम को उतारकर जंगल में। गिन-गिनकर हलकी-भारी पाँच-पाँच लाठियों की मार। मुँह पर कपड़ा लपेटे गिरोह ने जाते-जाते कट्टे से आसमानी फायरिंग की। एम.सी.सी. जिन्दाबाद के नारे लगाए और घने जंगल में उतर लिये।

जीप पर जैसे-तैसे लद-फँदकर टीम वापस जिला मुख्यालय। दुहाई सरकार, दुहाई माई-बाप कहते कलेक्टर साहब के पैरों पर। उधर आनन्द दा और रमेश जी के कहने पर रात में नावाटोली अखड़ा में जुटान। बर्दाश्त करने को कोई तैयार नहीं। बरसती चाँदनी ने लड़कों को उन्मत्त कर दिया। भीड़ ज्वार-सी उठी और अट्ठाइस लाख डैम के एक-एक पत्थर को उखाड़ घर ले गई। नींव भी भर दी गई। बालू भी चुटकी-चुटकी गायब। काम का कोई निशान ही नहीं बचा।

दूसरे दिन भोरे-भोर अमित और महेन्द्र ने सोमनाथ को यह खबर दी। अमित उराँव, महेन्द्र भगत, गाँव के स्नातक लड़के। संस्था के कार्यकर्ता। यह ठीक नहीं हुआ। सोमनाथ नाराज। हम लोग फौजदारी करने यहाँ नहीं आए हैं। वैसे भी ताकत दिखाकर हम बी.डी.ओ. और कामेश्वर सिंह जैसे लोगों पर बीस नहीं पड़ सकते। सौ-सौ मन का बोझा माथा मन पर। क्या हो सकता है? क्या करना चाहिए? सब उसी में डूबे। लेकिन रात में कहाँ कोई उपाय काम आया? एम.सी.सी. जिन्दाबाद के नारों के साथ फायरिंग करती भीड़ सोमनाथ, आनन्द भगत और रमेश उराँव सबको उठा ले गई। सबसे पहले सोमा को रस्सियों से बाँधा गया। आनन्द-रमेश देर रात तक मींटिग चलने के कारण ऑफिस में ही सोए थे। अमित-महेन्द्र को गाँव से उठाया गया था। और वह हादसा हो गया। ऐसी चरम वारदात कि कोई सोच भी नहीं सका था पलक झपकते घुप्प अँधेरा। पाँच-पाँच विधवाओं के विलाप से धरती काँप उठी। रात की आँखों में नींद कहाँ? गाँव-जवार से ठट्ठ-के ठट्ठ भीड़ जुटने लगी। सब ठकमकाए। औरत बच्चे फूट-फूटकर रोते हुए। अनर्थ हो गया।

सोमा तो बार-बार बेहोश हो जा रही थी। माँ बनने वाली थी। देह कमजोर हो चली थी।

कलेक्टर को नक्सलियों द्वारा की गई हत्याओं, उग्र भीड़ द्वारा प्रखंड कार्यालय में की गई तोड़फोड़, आगजनी और लाठीचार्ज की खबर एक

साथ मिली। झल्लाए हुए एस.पी. को फोन लगाया, सबसे पहले बी.डी.ओ. गोविन्दपुर पर एफ.आई.आर. करवाइए। जाँच टीम पर अटैक उसी के इशारे पर हुआ था। आपने भी कन्फर्म किया था। यह घटना भी उसी डैम से जुड़ी है। तुरन्त एक्शन लीजिए। गोविन्दपुर थाना प्रोसीड कीजिए। मैं भी पहुँचता हूँ।

लेकिन प्रोमोटिव एस.पी. साहब ने गोविन्दपुर थाना के बदले आई. जी. साहब को फोन किया। वे उनके उपकारों के भार से दबे थे और गोविन्दपुर बी.डी.ओ. आई.जी. साहब के रिलेटिव। सो कुछ तो नमक का हक अदा करना था।

उसके बाद तो कलेक्टर साहब के फोन ने चुप होने का नाम ही नहीं लिया। ऐसे-ऐसे फोन राजधानी से आने लगे कि लगा आसमान टूट पड़ा हो। हर फोन के बाद वे कमर से झुकते जा रहे थे। आखिर हारकर गाड़ी निकलवाई और अपने पुराने अड्डे, फॉरेस्ट डाकबँगला की ओर बढ़ गए। आज विरह गीत सुनने थे।

सोमा की आँखें खुलीं तो अपने को माँ के घर में पाया। दो दिन बीत चुके थे। नहीं, तबाही की दो रातें। ससुर खटिया पर लदवाकर पहुँचा गए थे। धमका भी गए थे कि उसके हीरे जैसे बेटे को खा गई ई डायन! दुबारा दिखी तो उनसे बुरा कोई नहीं होगा। सोमा तक बातें पहुँचीं भी या नहीं, क्या मालूम? वह तो सूनी आँखों से आकाश निहार रही थी। शायद उसका कोयल दिख जाए। क्यों अकेला छोड़कर चला गया? जिन्दगी राख दिख रही थी। अब जीने का कोई मतलब ही नहीं था। यह गर्भ भी भार। कोयल ने जाते-जाते उसके पिंजरे का भी दरवाजा खोल दिया था।

भाभी अखबार आया तो थोड़ी सचेत हुई। नक्सलियों द्वारा की गई हत्या, लेवी वसूली का मामला बताया जा रहा था। मृतकों में सोमनाथ के अविवाहित होने पर भी जोर दिया गया था। गुस्से की एक लहर। अगर सोमनाथ क्वारा था तो वह क्या थी? यह जो भीतर पल रहा था उसकी हैसियत क्या थी? वह बहू-बहू कहकर सास का आगे-पीछे डोलना। अपने हाथों हलुआ बना-बनाकर खिलाना सब नाटक था?

गर्भवती बहू को घर से निकालने की उनके यहाँ पुरानी परम्परा थी। उनके भगवान राम को जब शर्म ही नहीं आई तो इन्हें क्या ग्लानि!

तब तक टोला के लोग जुटने लगे। खबर मिली कि उसके जेठ ओमनाथ ने आकर संस्था पर कब्जा कर लिया है। ससुर घूम-घूमकर आवेदन दे रहे हैं। हत्या की जाँच, नौकरी, मुआवजा के साथ यह भी जोड़ा गया था कि एक गलत औरत पीछे पड़ी है, जो अपने को स्वर्गीय बेटे की पत्नी बता रही है।

ससुर शतरंज खेलने को कमर कसे तैयार। सोमा कलेक्टर के दुआर, तो वे बूढ़ी संग राजधानी। शहीद इंजीनियर सोमनाथ झा के बूढ़े- लाचार माँ-बाप का दुख तो सबको बताना ही होगा।...बताने को साथ में जिला के चार-चार मातबर नेता। पॉकेट जितना गरम, दुख का साइज उतना ही बड़ा। राज्यपाल-मुख्यमंत्री से लेकर सांसद-विधायक तक हर मंदिर में माथा नवाई।

राजधानी से शेरछाप चिट्ठियों की ऐसी आँधी चली कि ढक गई सोमा कुजूर।

कुछ माह बाद चुनाव की घोषणा हुई। पुराने कई अफसर विदा हुए। नई कलेक्टर मैडम उत्साह से भरी। आए नामी आदिवासी ऑफिसर डी. एस.पी. प्रेम प्रकाश पन्ना।

माँ बनी सोमा की गोद में दो माह की बच्ची। कलेक्टरिएट के कोने की बेंच पर बैठी गुमसुम सोमा की उदासी अब गूँजने लगी। पन्ना साहब जब भी सोमा को देखते कुछ घुमड़ने लगता भीतर, आँखों को रूमाल की जरूरत पड़ती। सोमा के संगी-साथी, हित-कुटुम्ब भी सक्रिय हुए। कहाँ-कहाँ से प्रमाण जुटाए पन्ना साहब ने। कलेक्टर मैडम की जबरदस्त मुहर। अनुकम्पा समिति की अनुशंसा मिली। लगा, मुआवजा और नौकरी मिली ही मिली। संस्था की लड़ाई भी लड़ लेगी सोमा। वर्षा-बूँद सहेजने के स्वप्न फिर जगेंगे।

लेकिन शाम होते-होते बूढ़ा झा कोर्ट का ऑर्डर ले आया। चूँकि विवाह ही वैध नहीं तो सोमा कुजूर मृत्तक की उत्तराधिकारिणी कैसे? आदिवासी विवाह प्रथाओं को अभी तक कानूनी मान्यताएँ प्राप्त नहीं। सप्तपदी का कोई प्रमाण नहीं। अतः मुआवजा और नौकरी वैध उत्तराधिकारी भाई ओमनाथ को।

पाला मार गया। सब ठंडा। सोमा की तरफ ताकने-बतियाने में लोग डरने लगे। न जाने कौन-सी बात कंटेंप्ट ऑफ कोर्ट मान ली जाए।

सोमा के अन्दर की आग भी अब बुझने लगी। रेत के बगूले अब साफ उड़ते दिखाई दे रहे थे। जीने का कोई मकसद नहीं रहा। बच्ची की छुअन भी पुलक नहीं जगाती। खाना-पीना छूट गया। लगा पिंजरे का दरवाजा पूरे खुल गया।

चुनाव के दिन नजदीक आने लगे। कलेक्टर मैडम भी दूसरी बिल्डिंग के कंट्रोल रूम में बैठने लगीं। सारा ऑफिस निर्वाचन-शाखा की कोने वाली कोठरी में सिमट गया। इतनी गहमा-गहमी! इतना काम! सोमा सबके ध्यान से ही उतर गई। सब आपाधापी में। ड्यूटी जंगल एरिया में न पड़े। लैंड माइन्स का खतरा कौन ले? इस हड़बोंग में सोमा के संगी-साथी, हित-कुटुम्ब भी गुम। सब सोमा को भूल गए। सोमा भी सोमा को भूलने लगी।

लगातार दो रात सोमा घर नहीं लौटी तो मुँहअँधेरे, घबड़ाए भाई-भाभी पहुँचे। गरम-गरम भात पकाकर लाई थी भाभी। खा लो बुच्ची। बस एक कौर बेटा। हारना नहीं है। देह-समाँग बचाकर रखना है। सिनगी दीदी के वंशज हैं हम। तीन-तीन बार मुगलों को हरा रोहतास किला बचाने वाले। छोटी-सी हार को जी से मत लगाओ बुच्ची। हम सब साथ हैं। कौर-कौर खिलाना चाहा। किन्तु गले के नीचे उतरा ही नहीं। सब बाहर। ठीक-ठीक होश नहीं। गोद में बच्ची की हालत खराब। सोमा को साथ ले चलने की कोशिश भी सफल नहीं। पहचान ही नहीं पा रही। आभासा, अब ज्यादा दिनों का साथ नहीं है। छाती लगाकर फूट-फूटकर रो पड़ी भाभी। लेकिन जाना पड़ा। बच्ची को हर हाल में बचाना था। लोगों को जुटा सोमा को भी हॉस्पिटल ले जाना...।

पास के महुआ पेड़ ने सुनी रुलाई। धीरे-धीरे सखुआ, सेमल, पलाश, गुलईंची सबको मालूम हो गया कि धरती माँ की बेटी बिन्दी पाताल लौटने की तैयारी में। पखेरुओं ने सरना माई को खबर दी। हूक-सी उठी धरती माई के सीने में। ले-ले एक करवट नष्ट-भ्रष्ट कर दे सब।...अपनी बेटी को अँकवारी में भरने को कसमसाने लगी सरना माई।

सोमा मन ही मन माफी माँग रही थी अपनी शंख दीदी...कोयल दीदी से—दीदी! हमने भी बहुत कोशिश की तुम्हारी तरह नदी बनने की...नहीं बन पाई, बनते-बनते रह गई। अब यह खाली रेत...इसका क्या करें? हो सके तो माफ कर देना।

विदाई का समय पास आ रहा था। पेड़ों के पत्ते झड़ गए। पत्ते बेसब्री से सोमा की देह को ढकने की कोशिश कर रहे थे मानो पंछी को उड़ने

से रोक लेंगे। उधर मतपत्रों की उछाल से अनिल लकड़ा आकाश तक पहुँचे। जिन्दाबाद की आवाज गूँजी। इधर सखुआ पत्तों ने सोमा की पथराई आँखों को ढक लिया।

सोमा कुजूर...एक आदिवासी स्त्री...एक संस्कृति...एक आदिम सभ्यता...खत्म हो गई...जैसे...रेड इंडियन्स...जैसे डोडो पंछी...जैसे एक नदी।

कहते हैं वहाँ उस बेंच पर सखुआ पत्तों के नीचे बस धूल थी।

('हंस' : मार्च, 2007 में प्रकाशित)

रफीक भाई को समझाइए

चला जाता हूँ हँसता-खेलता मौजे हवादिस से,
अगर आसानियाँ हों, जिन्दगी दुश्वार हो जाए।

भेल्लोर से लौटे हैं रफीक भाई। गए थे मामूजान की ओपन हार्ट सर्जरी करवाने, अपनी जाँ से रोग लगा आए। ओपन हार्ट के सक्सेज से चैन मिला था। एक हफ्ता रुकना था सो मजाक-मजाक में थौरो चेकअप करवाने चले गए। ऐसी रिपोर्ट का अंदेशा न था, देखा तो सकते में आ गए। चेन स्मोकिंग ने पैरों की नसों को जाम कर दिया था। खून में हीमोग्लोबिन की जगह निकोटिन। डॉक्टर ने सख्त हिदायत दी है–'सिगरेट से तोबा कर लीजिए, नहीं तो चन्द महीनों में पैर काटने की नौबत आ जाएगी,' तबरेज भाई तफसील से बीमारी के बारीक नुक्तों से हमें परिचित करवाने पर उतारू थे।

रफीक भाई पर तो कोई खास असर नहीं दिख रहा था। वही उदास आँखें आसमाँ पर टँगी हुईं। चेहरे पर वही परेशानी, जो पहले थी वो आज भी। उँगलियों में जलती सिगरेट। हाँ! पहले चारमीनार हुआ करती थी आज विल्स फिल्टर थी। चलिए, डॉक्टर की हिदायतों की कुछ तो आबरू रख ली।

लेकिन यह निकोटिन का असर कब हुआ? हम तो उनकी चाल के अटपटेपन को कॉलेज-यूनिवर्सिटी के दिनों से देख रहे हैं। उन दिनों तो इतनी सिगरेट भी नहीं पिया करते थे। जानने वाले बताते हैं कि यह तो वर्षों से है। शायद बचपन से। शायद 'उन दिनों' के बाद से ही।

चलते वक्त पैर उठते तो ठीक से ही किन्तु रखते वक्त थोड़ी देर लगती मानो कुछ सोच-सोचकर पैर धर रहे हों। जैसे कि पैरों को धरती

पहचनाने में देर लग रही हो। जैसे उनके पैरों को अंदेशा हो कि नीचे जमीं है या नहीं।

साथ चलने वालों को बड़ी खीज होती। रुक-रुककर चलना पड़ता लेकिन चन्द दिनों में ही हम आदी हो गए थे। जिनसे अपनापा हो, मुहब्बत हो वह आपके वजूद का ही हिस्सा हो जाता है। फिर कुछ भी ध्यान में नहीं आता कि उसकी खाल का रंग आबनूसी है कि सफेद, उसकी नाक नुकीली है कि पकौड़ी जैसी, वह मोटा है या पतला, लम्बा है या नाटा, चाल अच्छी है या अटपटी, ये बातें कोई मायने नहीं रखतीं। वह बस अपना होता है, अपने जैसा।

लेकिन लड़कों की फब्तियाँ या हँसी हमें परेशान करती। न चाहते हुए भी रफीक भाई का मूड उखड़ जाता सो हम लोगों ने बड़ी मशक्कत से एक सेकंड हैंड साइकिल का इन्तजाम किया और उतनी ही मशक्कत के बाद रफीक भाई ने उसे अपनाया। आहिस्ता-आहिस्ता वह साइकिल उनकी पर्सनैलिटी का हिस्सा बन गई, उनके पैरों का विस्तार।

खैर जाने दीजिए उन बातों को। जब तक रफीक भाई की सिगरेट खत्म होती, हमसे मुखातिब होते, तब तक चचाजान शुरू हो गए। गली के तिन मुहाने पर न जाने कब से मूड बना रहे थे।

रफीक भाई का यह छप्परपोश घर भी तो ठीक तिन मुहाने पर ही था। दो तरफ से नालियाँ बहती हुईं। विधायक फंड से गली की पी.सी.सी. ढलाई हो गई थी। चलिए, बरसात में कीचड़ से तो निजात मिली। गली के बाशिन्दों में दर्जियों, मिस्त्रियों, ठेले वालों की बहुतायत थी, चन्द घर ही टीचरों-क्लर्कों जैसों के थे। जिस नाली के पास घर के चबूतरे पर रफीक भाई की महफिल जमती, उस नाली पर यहाँ-वहाँ सुबह-शाम-दोपहर बच्चे इतमीनान से निपटते रहते।

ये चचाजान भी कुदरत के अजीम-तरीन नमूने हैं। पाँचों वक्त के नमाजी। जोहर और असर की नमाज के बाद इस तिमुहानी की दीवार लगकर तकरीर करते। वैसे तो हम सब के सब एक आध आने खिसके होते हैं। चच्चाजान थोड़ा ज्यादा लगते थे। कई बार राँची हो आए थे इससे बड़ा प्रूफ खिसकने का क्या होगा?

सो चचाजान की तकरीर पूरे शबाब पर थी।

कोई माबूद नहीं सिवा अल्लाह के, मोहम्मद अल्लाह के रसूल हैं। सल्लल्लाहो अलैहे वसल्लम।

अल्लाह; उसके सिवा कोई इबादत के लायक नहीं। उसे न ऊँघ आती है, न नींद। उसी के वास्ते हैं जो कुछ आसमानों और जमीन में हैं। जो कुछ हो रहा और जो कुछ हो चुका, उसे सब मालूम है। सारी कायनात को उसी ने पैदा किया है।

दुनिया के सारे इनसान व सारे जिन्नात अल्लाह के बन्दे हैं। हजरत मुहम्मद साहब ने फरमाया है कि अल्लाह अपने हर बन्दे को एक माँ से सत्तर गुना ज्यादा प्यार करता है, चाहे वह किसी भी मजहब का क्यों न हो...।

हम इंतजार में बैठे थे कि तकरीर खत्म हो तब तक किसी ने टहोका मारा– 'चच्चा, आज बुश हरामी पर कुछ नहीं फरमाइएगा।'

'लो अब हो गया फरमाईशी दौर। लम्बा खिंचेगा। यहाँ से खिसका जाए,' तबरेज भाई की सलाह सही थी। वहाँ से उठकर पीपल-तले की चाय गुमटी की बेंचों पर हम जम गए।

बहुत खरोंचने, ढेरों धौल-धप्पे के बाद रफीक भाई का सिगरेट सुलगाने-धुआँने का सिलसिला रुका। निगाहें आसमाँ से नीचे उतरीं। आर-पार होने के बदले हमारी सूरतों पर टिक गईं। अल्फाजों से हमें नवाजना शुरू किया।

यह खासियत थी रफीक भाई की। अव्वल तो बोलते नहीं। घर से सोचकर निकलते कि आज दिन भर में कितने अल्फाज खर्चने हैं। बोलते तो इतनी तल्खी से कि सामने वाला छटपटा जाए। पुरानी पहचान न हो तो झगड़े की नौबत आ जाए। लेकिन हम उनकी इन्हीं अदाओं के कायल थे। उनके इन तल्ख अन्दाज और फिलॉसफर अदाओं ने कॉलेज-यूनिवर्सिटी के दिनों मे कितनै-कितने मोर्चों पर फतह दिलवाई थी। हम दिनेश भाई, यूसुफ भाई सभी प्रोग्रेसिव स्टूडेंट फेडरेशन की जान हुआ करते थे। कितने मूवमेंट को लीड किया, धरने दिए, जेल गए। लेकिन कैरियर को ओझल नहीं होने दिया। अलग-अलग सब्जेक्ट के कारण आपसी कोई प्रतियोगिता भी नहीं थी, जो हमारे बीच दरार बनती। हाँ! घरों की जर्जर माली हालत वह फेबिकोल था, जिसने हमें बाँधे रखा।

पोस्ट ग्रेजुएशन के बाद ज्यादा बैठना नहीं पड़ा। वैसे भी नेट करने के बाद कोचिंग क्लासों से अच्छी-खासी आमदनी हो जाती। तरह-तरह की परीक्षाओं के फॉर्म भरने, उनमें बैठने के लिए आने-जाने, चाय-सिगरेट के लिए पिताओं के सामने हाथ पसारने की जलालत से हम बच गए थे।

फिर कमीशन द्वारा यह लेक्चरशिप। तबरेज भाई उसके बाद ही हमारे ग्रुप में शामिल हुए थे। बिहार से आए थे। ठेठ बिहारी, खूब दरियादिल, हाजिरजवाब, हँसने-हँसाने वाले मसखरेपन से भरे हुए। लेकिन बिहारीपन का 'वह' खास झाँस भी व्यक्तित्व का हिस्सा था, अशराफ होने का थोड़ा सा गुमान। मौका मिलते रफीक और यूसुफ भाई को चुटकी काटने से बाज नहीं आते। उनके पास जुलाहों की बेवकूफियों पर चुटकुलों का जखीरा था। हमें उनकी बस यही बात नापसन्द थी। किन्तु दिल के इतने प्यारे कि उस निगेटिव को हम माइनस करके चलते।

बात रफीक भाई के अल्फाजों से शुरू हुई थी। जब उन्होंने नवाजना शुरू किया तो वे बदन में ततैया से डंक मारने लगे। बात सच भी थी। उनको छोड़कर ग्रुप के और लोगों ने बाप-दादाओं, मामा-मौसाओं की दुम पकड़कर पाँच-सात सालों के अन्दर ही राजधानी के कॉलेजों में ट्रांसफर करवा लिया था। अब शिक्षक संघ पर कब्जा भी था। किन्तु रफीक भाई कमडेगा में ही अटके हुए थे। रोज सबेरे-सबेरे, जाड़ा-गरमी-बरसात सात बजे की बस पकड़नी होती थी। लौटते-लौटते अँधेरा हो जाता। कब फिजियोथेरेपिस्ट के यहाँ जाते? कब इलाज शुरू होता?

'जब मरना ही है तो सिगरेट क्यों छोड़ी जाए। यह छोटी सी ऐयाशी ही तो है जिन्दगी में, वरना और रखा क्या है?' देखिए नरेन्द्र भाई! वो मुझसे मुखातिब थे, 'पहले ट्रांसफर करवाइए तब सिम्पैथी जताने आइए आप लोग। झूठ-मूठ की 'शोक-संवेदनाओं' का मेरे करीब कोई मतलब नहीं।'

इक गदाए-राह को नाहक न छेड़
जा फकीरों से मजाक अच्छा नहीं

दिल में हक फाँस-सी अटक गई। हर कोशिश नाकामयाब हो रही थी। कुलपति की मुस्कुराहट, बेट-बेटे की रटन और शीरीं जुबान, उससे भी शीरीं उनकी चाय के सामने हमारे सारे हथियार कुन्द पड़ जाते। उधर रोज तबरेज भाई खबर देते कि रफीक की चेन स्मोकिंग बन्द नहीं हो रही है। हर पाँच-सात दिन पर एक कोशिश करते किन्तु बुड्ढा पिघल नहीं रहा था। रायरंगपुर से निराला बाबा को बुलाया गया, आखिर हमारे सीनियर थे, संघ के अध्यक्ष, खूब आक्रामक, बहस में एक से एक नायाब तर्क पेश करने वाले, किन्तु उनकी भी दाल नहीं गली।

तब बाबा का ही आइडिया था कि एक बुलेटिन प्रकाशित की जाए। कुछ-न-कुछ मसाला तो मिलेगा ही मिलेगा। उसी में वी. सी. को घुमा-घुमा कर पकाया जाए। देखते हैं बुड्ढा कब तक नहीं पिघलता है।

सो बिना देर के 'यूनिवर्सिटी वॉयस' का प्रकाशन शुरू हो गया। हर अंक में यूनिवर्सिटी ऑफिस के करप्शन के किस्सों की सनसनाहट होती। बूड्ढा पिघलने लगा था। हमें भी मजा आने लगा। रफीक भी अपने छुट्टी के दिनों का अच्छा खासा-समय इस बुलेटिन की प्रूफरीडिंग में लगाते। चेन स्मोकिंग की स्पीड थोड़ी घट रही थी।

तभी यह संजोग हुआ। हम लोगों ने नामवर सिंह का एक कार्यक्रम तय करवाया। मालूम नहीं था कि वी.सी. साहब नामवर जी के इतने बड़े फैन निकलेंगे। स्थानीय अखबार में एक पेज नामवर जी पर केन्द्रित किया गया था। उसके लेख भी वी.सी साहब को इतने अच्छे लगेंगे कि गद्‌गदायमान हो जाएँगे, इसकी तो एकदम उम्मीद नहीं थी। खासकर मेरे और दिनेश भाई के लेख। हो सकता है वी.सी. साहब की डिप्लोमेसी के ये सब हिस्सा रहे हों। नतीजा यह कि परोक्षतः 'यूनिवर्सिटी वॉयस' के दबाव में, प्रत्यक्षतः उस कार्यक्रम और हमारे लेखों से खुश होकर बुड्ढे ने रफीक भाई को कमडेगा से राजधानी बुलवा तो लिया किन्तु डेपुटेशन पर।

खैर जो हो, न जाने कित ने बरसों के बाद रफीक भाई के परीशाँसूरत पर मुस्कुराहट के जुगनू दिखे। पूरा वजूद गुनगुना रहा था कि वो खुश हैं। भाई ने पॉकेट से विल्स फिल्टर की डिब्बी निकाली और नचाकर नाले में फेंक दिया।

उस दिन रफीक भाई को कमडेगा कॉलेज से विरमित होना था। लड़कों ने विदाई का अच्छा-खासा कार्यक्रम बनाया था। रफीक भाई खूब अच्छे मूड में थे। सबको चलने को न्योता। लेकिन सबकी अपनी-अपनी व्यस्तताएँ थीं। पर मुझे कमडेगा घूमने-देखने की इच्छा थी (उससे ज्यादा इच्छा रास्ते में रफीक भाई के पुराने मकान और 'उन दिनों' के हादसों को जानने की थी, जिसके बारे में कोई खुलकर बात ही नहीं करना चाहता था)। यह इच्छा भेल्लोर की रिपोर्ट ने जगाई थी। उसके पहले उनकी चाल की लटपटाहट को मानो हमने स्वीकार ही कर लिया था। लेकिन अब लग रहा था कि कोई बात तो जरूर थी केवल निकोटिन नहीं। यूसुफ भाई ने 'उन दिनों ' की ओर बार-बार इशारा तो किया था। अगर 'उन

दिनों' के बाद से ही यह लटपटाहट थी तो यह केवल निकोटिन का असर कैसे हो सकता था? कुछ तो और भी जरूर ही रहा होगा। जिन्हें पैथोलॉजी समझ नहीं पा रही थी। बस हर छोटे-बड़े स्टॉप पर रुकती खरामा-खरामा चल रही थी। पहुँचने में ढाई-तीन घंटे लगने थे। हम इधर-उधर की बातों में टाइम पास कर रहे थे। मुझे रफीक भाई के अतीत को कुरदने में थोड़ी झिझक हो रही थी। कैसे बात शुरू करूँ, समझ में नहीं आ रहा था। तभी उन्होंने एक सिगरेट निकाली। 'अरे!', मैं चौंका, 'भाई आपने तो न पीने की कसमें खाई थीं, डिब्बी भी नाली में फेंकी थी। फिर क्यों?'

'देखिए भाई! छोड़ दूँगा। कसम खाई है तो छोडूँगा ही। किन्तु इतने सालों से आदत सी हो गई है। एक एडिक्शन ही समझ लीजिए। धीरे-धीरे जाएगी। दिन भर में पाँच का कोटा रखा है। अफसोस इस बात का है कि जिस इरादे से सिगरेट पीनी शुरू की थी वो पूरा नहीं हो सका।'

'अब सिगरेट पीने के पीछे क्या मनशा हो सकती है?'

'छोड़िए, इन बातों में रखा क्या है, कुछ और बातें कीजिए! भाभीजान की पी-एच.डी. पूरी हुई कि नहीं?' रफीक भाई टालने की कोशिश कर रहे थे।

'देखिए रफीक भाई! हर इनसान को अपनी प्राइवेसी का हक है। इसीलिए पिछले दस-एक वर्षों से दोस्ती के बावजूद हम लोगों ने कभी आपको नहीं टोका लेकिन हम सब लोगों को लगता है कि आपका अतीत आपकी पर्सनैलिटी पर हावी हो रहा है। आपको शेयर करना चाहिए। मवाद बहने के बाद ही घाव सूखता है।'

न जाने कब रफीक भाई की बाईं हथेली मेरी हथेलियों के बीच आ गई थी। जब उसमें थरथराहट शुरू हुई तो एहसास हुआ। नजरें उठाईं तो देखा रफीक भाई के होंठ तेजी से फड़फड़ा रहे थे, आँखें डबडबा आईं थीं।

'कहाँ से शुरू करूँ भाईजान! और क्यूँ शुरू करूँ? आखिर हमारी कहानी जानकर भी कोई क्या करेगा? हमारे अब्बू को आपने देखा है। नाली के किनारे बैठा बीड़ी फूँकता, खाँसता, करियाया हड़ियल बूढ़ा। अल्यूमिनियम के पुराने बरतन-सा–पिचका, टूटा-फूटा, बेकार-सा जिसका कोई वजूद न हो। और हमारे नीमपागल चाचू, तकरीर देता एक

मसखरा। क्या ये ऐसे ही थे। काश! हमारी आँखों से इन्हें कोई देख पाता। अपने बचपन की यादों को मैं दिखा पाता। क्या शख्सियत थी हमारे अब्बू की। काश! मैं आपको मेन रोड की बजाजा गली वाले अपने दो मंजिले मकान की खूबसूरती दिखा पाता। उसके पीछे की बगीची में गुलाबों और बेला की क्यारियों और रातरानी की झाड़ियों के पास जाड़े की धूप और गरमी की सोंधी शाम को अब्बू की आरामकुर्सियों पर आपको बिठा पाता जहाँ बैठकर अब्बू अपनी तरह-तरह के फ्लेवर वाली चाय पीया करते थे, और अम्मी नई मैगजीन या बुक का कोई पन्ना या पैराग्राफ सुनाती रहती या पोइट्री की किसी लाइन पर बहस किया करती। अब्बू शहर के सफल बजाजा व्यापारियों में से एक थे। अम्मी भी पढ़ी-लिखी, जहीन, लिटरेचर की जानकार। कहते हैं उनकी जैसी तालीमयाफ्ता इक्की-दुक्की शहर में थी। ये नीमपागल चच्चू उस वक्त हाई स्कूल के अव्वल स्टूडेंट हुआ करते थे और हॉकी के स्टेट लेवल के खिलाड़ी।'

रफीक भाई हाँफने लगे थे। थोड़ा रुके। बुझते सिगरेट से कश खींचा! खिडकी से बाहर आसमाँ की ओर ताकने लगे। जज्ब किए आँसुओं को रूमाल से पोंछा। थोड़ी देर की खामोशी के बाद फिर बात शुरू की।...मवाद अब बह रहा था।

'तब मैं सात-आठ साल का रहा हूँगा। थोड़ी सी यादें, थोड़ा लोगों से सुनते-जानते बड़ा हुआ हूँ। तब शहर का जुगराफिया ही कुछ और हुआ करता था। अकल्लीयत के लोग खुशफहमी में थे। सन् सैंतालीस में भी इस शहर में दंगे नहीं हुए थे। हर कहीं, हर मुहल्ले में अकल्लीयत खानदान के लोग बसे थे। हर पेशे, हर धन्धे में आगे बढ़ रहे थे। उन्हें क्या मालूम था कि वे सेक्यूलर इंडिया के सेकुलरिज्म पर थोड़ा ज्यादा ही भरोसा कर रहे थे। भाईजान! सन् सड़सठ की छोड़ दीजिए, आज के दिन भी लाई-डिटेक्टर के सामने पूछकर देखिए, सौ में नब्बे लोग हमें गैर समझने वाले मिलेंगे। 'खाने वाले यहाँ के और गाने वाले वहाँ के' जैसी सोच से भरे। वे हमें बराबरी का हक-हकूक देने को तैयार नहीं। वे चाहते हैं हम दोयम हैं, दोयम बने रहें। जिएँ जरूर किन्तु एक कुत्ते की जिन्दगी।'

'न जाने कौन सा सवाल था। शायद उर्दू का राजभाषा बनने, न बनने देने का। मनशा सूबे में पहली बार बनी गैर-कांग्रेसी सरकार को

बदनाम करने की थी। काले झंडे से शहर पट गया। चन्द लोगों के दिमाग का ढक्कन फटा और खौलता हुआ सल्फ्यूरिक एसिड सड़कों पर बहने लगा हमारी वजूदों को खाक करता।

'ये हमारे अब के मामूजान, तब हमारी दुकान में हेल्पर हुआ करते थे। इस आजाद गली के पुराने बाशिन्दे, उन्होंने मंजर भाँपते हुए एक दलित परिवार के खाली किए हुए इस छप्परपोश घर में ताला मार रखा था। जिस रात को हमारी दुकान में आग लगी, उसी रात को हमने अपना मकान 'अंसारी मंजिल' खाली कर दिया। अंदेशा तो था ही। सारे स्टाफ, नौकर-चाकर भी रात को घर में ही रुके थे। दंगाइयो को एक टक्कर देने की तैयारी के बावजूद अब्बू ने निकल चलने का ही फैसला लिया था। चन्द फर्लांग पर जलती दुकान की लपटों ने अफरा-तफरी मचा दी। बदहवासी में सब भाग-दौड़ कर रहे थे। अम्मी भी मुझे भूल गईं। एक हाथ में गहने की संदूकची थामे गोद वाली छोटी बहन को सीने से लगाए सीढ़ियों से उतर गईं। अजीब धक्का-सा लगा।...एकदम ही भूल गईं?... छोड़ दिया?...आवाज तक नहीं दीं? मैं कोठरी से खड़ा अवाक् ताकता रह गया। छोटी बहन अब्बू के पास। वो पहले से ही उसे कंधे पर बिठाए नीचे ठेले पर सामान रखवा रहे थे। किसी को मेरी फिक्र नहीं थी।...सबने छोड़ दिया? सब भूल गए? क्या मैं इतना फालतू था? मैं वहीं फर्श पर बैठा सुबकने लगा। लगा, मैं नहीं रहता, मर ही जाता तो अच्छा होता। ये बेरुखी तो नहीं देखने को मिलती। तभी किसी स्टाफ ने सामान के साथ-साथ मुझे भी दो मंजिले से नीचे उछाल दिया। वो चच्चू ही थे जिन्होंने मुझे थामा। मेरी हिचकी गले में घुटकर रह गई। मेरे होशोहवास उछाले जाने के बाद वहीं आसमान में टँगे रह गए।

'थोड़ी देर में होश आया तो अम्मी पर बहुत गुस्सा आ रहा था। लग रहा था जोर-जोर से झकझोर कर पूछूँ क्यों मुझे छोड़ दिया?...क्यों?.. भूली कैसे? मुझसे ज्यादा वह संदूकची कैसे प्यारी हो गई? लेकिन यह ख्वाहिश आज तक पूरी नहीं हो सकी। उस रात शायद दो या तीन बजे के बीच का समय होगा। महात्मा गांधी राजपथ से होकर जैसे ही इंदिरा गांधी स्ट्रीट घुसे, न जाने भेड़ियों का झुंड वहाँ कब से इंतजार कर रहा था। काली आँधी का एक गुबार-सा उठा और हमें तिनकों-सा बिखराकर चला गया। भेड़ियों के गुजरने के बाद हमारी बीस-पच्चीस की संख्या आधी से कम रह गई। अम्मी और गोद वाली बहन भी गायब थी।

संदूकची और ठेले के असवाब गायब थे। नुचे-लुटे भिखमंगे से हम आजाद गली के छप्परपोश मकान में दाखिल हुए।

'भाईजान! हमारी और इस शहर की बात छोड़ दीजिए। नजर उठाकर देखिए पूरे हिन्दुस्तान में ऐसा कोई शहर नहीं मिलेगा जिसमें आजाद बस्तियाँ नहीं हों। ऐसा कोई गाँव नहीं मिलेगा जहाँ अलग टोले नहीं हों। और इन आजाद बस्तियों की बनावट एकदम सूअर की खोहड़ की तरह। गन्दगी और आदमियों की ठेलमठेल। मल से भरी हुई उफनती हुई नालियाँ, कूड़े-करकट, मक्खियों-मच्छरों के बीच कुत्ते की जिन्दगी। अब पैदा करते रहिए साइंटिस्ट, आ.ई.ए.एस., आई.पी.एस., इंजीनियर, डॉक्टर। पैदा करके देखिए इन खोहड़ो में पढ़न-पढ़ाने का माहौल कभी हो नहीं सकता। मनशा साफ है दोयम हैं, दोयम रहिए। ये बाबरी मस्जिद, रथ-यात्राएँ, गोधरा सब बहाने हैं, हमें चूहा बनाने और बिल तक खदेड़ने के। अब तो बुश-ब्लेयर के फजल से पूरी दुनिया में ही ऐसा माहौल बन रहा है।

'अम्मी के छोटे अब्बू, अन्सारी साहब, उस वक्त के स्टेट पॉलिटिक्स की बड़ी हस्ती हुआ करते थे। उनका बहुत प्रेशर पड़ा एडमिनिस्ट्रेशन पर। लेकिन वो नहीं मिलीं। न अम्मी मिलीं, न गोद वाली बहन। न उनकी लाशें। हाँ, सौ धक्के खाकर अब्बू को मकान-दुकान का कुछ मुआवजा मिला, जिससे कि यह फेरी का काम शुरू हो सका। बिना खाए-पिए अपनी अम्मी सरीखी भाभीजान को दिन-रात खोजते फिरते चचा कुछ ही महीनों में राँची पागलखाने पहुँच गए।'

'जैसे-जैसे मैं बड़ा होता गया अब्बू की हालत ज्यादा महसूस करता। मेरी सूरत अम्मी पर गई थी सो अव्वल तो मेरी ओर वे ताकते नहीं थे। ताकते तो चेहरे के पार देखने लगते। गलती से नजर मुझ पर टिकती तो इरीटेट होने लगते या मुँह फेर लेते। दोतरफा नालियों से घिरे इस घर ने अब्बू को कम तबाह नहीं किया। सबेरे चबूतरे पर चाय पीने बैठते तो नालियों से उठता भभका, निपटते बच्चे। अब्बू का चेहरा लाल होने लगता, देह थरथराने लगती। शायद दुर्गन्ध को बर्दाश्त करने के लिए ही बीड़ी की लत डाल ली। भला हो नई अम्मी का, जिन्होंने मेरी छोटी बहन और गृहस्थी को सँभाल लिया।

'दिन भर कपड़ों के बोझ के साथ फेरी और ऊपर से बीड़ी। अब्बू का चेहरा करियाने लगा। सेहत गिरने लगी। दो-चार वर्षों में ही अब्बू ऐसे

बदल गए कि पुराने ननिहाल से लोग हमारा हाल लेने गाहेबगाहे आते तो उन्हें पहचान ही नहीं पाते।

'मैं तब इंटर में था जब पहली बार खाँसते, नाली में बलगम उगलते अब्बू को बीड़ी पीने से रोकने की कोशिश की थी और थप्पड़ खाया था। वह थप्पड़ भी मेरी जिन्दगी का पहला और आखिरी थप्पड़ था, जिसके बाद हम और अब्बू दोनों रोए थे।

'अब्बू की बीड़ी छुड़वाने के तरीके ईजाद करने के चक्कर में मैंने सिगरेट पीनी शुरू की। शायद मुझे पीता देख वे नाराज हों और खुद भी बीड़ी पीना छोड़ दें। लेकिन उन्होंने मान लिया था कि मैं बड़ा हो गया हूँ। और कुछ नहीं कहा। तब से यह सिगरेट मेरी जान से लग गई।'

न जाने कब कमडेगा आया। विदाई-कार्यक्रम शुरू हुआ, कब खत्म हुआ? कुछ पता ही नहीं चला। दिमाग सुन्न हो गया था। रफीक भाई से नजर मिलाने से भी बच रहा था। लग रहा था इन सारे हादसों की जिम्मेवारी हमारे कंधों पर भी है। पाँव बोझिल हो रहे थे। कदम उठाना मुश्किल हो रहा था। अब रफीक भाई के पैरों के हवा में ठिठकने और नीचे जमीं तलाशने के मायने थोड़े-थोड़े समझ में आ रहे थे।

गुजरे हैं कई मरतबा हम दश्तो चमन से
हम लोग जमाने की हवा खाए हुए हैं!!

कमडेगा से लौटने के बाद महीनों रफीक भाई से भेंट नहीं हुई। कॉलेज अलग-अलग थे सो परीक्षाओं के मौसम ने बहुत बहाने दिए। विषय अलग होने के कारण कॉपी जाँचने के केन्द्र भी अलग-अलग। ऐसा नहीं था कि उनके खयालात नहीं आते थे। किन्तु खयाल अपने साथ नामालूम सी शर्मिन्दगी के एहसास भी साथ लाते। और शायद यह एहसासे-शर्मिन्दगी ही थी, जो आजाद गली की ओर बढ़ते कदमों को रोक लेती।

परीक्षाओं और कॉपी-जाँच ने ऐसे ठोस बहाने दिए थे जिसकी बिना पर 'यूनिवर्सिटी वॉयस' की प्रूफरीडिंग और शिक्षक संघ की बैठकों में भी जाने से बचता रहा था।

तभी तबरेज भाई के फोन ने बन्द पोखर में पत्थर का काम किया, 'अपने खून को समझाइए। न प्रूफरीडिंग में समय दे रहे हैं, न एसोसिएशन की मीटिंग में। हाँ! आजकल प्रो. वी.सी. को तेल लगाने में थोड़ा ज्यादा

ही ध्यान दे रहे हैं। एक दूसरी बात और, जो ज्यादा खतरनाक है। बिरादरी में ब्याह करते नहीं। हिन्दुआनियों के चक्कर में पिटते-पिटते बचे हैं। मर-मरा जाएँगे तो शहर में दंगा हो जाएगा। कहाँ तो बजाजा गली में, कौन से अग्रवाल सदन कि लक्ष्मी सदन के आस–पास मँडराने का नया-नया चस्का लगा है।'

एक धक्का सा लगा। जिस शख्स की सैंतीस बहारें हुश्नो-इश्क से अनजान बीत चुकी हों, उस पर आवारागर्दी, शोहदागीरी का आरोप। कुछ समझ में नहीं आ रहा था। हालाँकि बजाजा गली से कुछ पुराने मकान का चक्कर रहा होगा, इतना समझ रहा था। लेकिन कॉलेज-यूनिवर्सिटी के दिनों में भी लड़कियों से थोड़ी दूर ही रहते थे रफीक भाई। गर जबरन कोई लड़की ग्रुप में शामिल हो अनौपचारिक होने लगती तो उसे बहन बना लेते। तब हम मजाक भी किया करते कि घर में बहनों की कमी है क्या? खुदा के फजल से पाँच-पाँच बहनें हैं। फिर बाहर क्यूँ नजरे झुकाए-झुकाए बहनों की लाइन लगा रहे हैं?

तब हमें कहाँ मालूम था कि वो मानकर चल रहे थे कि उनकी अम्मी और गोद वाली बहन हैं। यहीं कहीं हैं। सचमुच उन लड़कियों में कोई उनकी बहन ही हो और अम्मी से पूछे जाने वाले उनके सवालों की सूची तो रोज घटती-बढ़ती रहती। और यह भी कि साड़ी पहनी पढ़ी-लिखी हर सुन्दर-सी महिला उन्हें अम्मी ही लगती।

खैर, प्रूफरीडिंग और बैठकों में गैरहाजिरी के लिए शिकायत तो समझ में आ रही थी किन्तु प्रो. वी.सी वाली बात हजम नहीं हो रही थी। इस मरगिल्ले, हैंहियाने वाले, दाँतनिपोर प्रो वी.सी के चेहरे से भी भारी चिढ़ थी हमारे ग्रुप को। फिर अचानक क्या हो गया?

और तबरेज भाई के सम्बोधन से तो साफ था कि वो उस दिन की बतकही को भूले नहीं थे। चाय की दुकान पर तबरेज भाई सदा की तरह मसखरी के मूड में थे। लेकिन चुटकुले वही पुराने, जुलाहों की बेवकूफियों पर। रफीक और यूसुफ भाई नहीं थे तो ज्यादा बुरा लग रहा था। टाँड़ खेत में खिले काँस को चाँदनी रात में नदी समझकर एक जुलाहे के नहाने वाले चुटकुले को पिछले दिनों से कई बार सुनने के बाद आखिर मेरी बर्दाश्त खत्म हो गई। झाड़ने के सिलसिले में ही यह बात कह दी थी कि मैं भी तो बैकवर्ड हूँ एक पसमांदा। आप जैसे अशराफ, पंडितों की नजर में छोटी जात। इस बिना पर हम और रफीक भाई एक ही खून हुए। अब

से अल्ल-बल्ल बकने के पहले जरा सोच लिया कीजिएगा। तबरेज भाई ने यह खून वाली बात पकड़ ली थी।

शाम को वही पुराना अड्डा। पीपल-तले की चाय गुमटी की बेंच। एक छोटी-सी पीतल की डिब्बी से भुनी हुई अजवायन निकाल-निकालकर फाँके जा रहे थे रफीक भाई। सिगरेट की तलब मिटाने का देशी तरीका अजमाया जा रहा था। फिजियोथेरेपी का भी असर चेहरे पर दिख रहा था। किन्तु निगाहों में वही परेशानी थी और आँखों में फिक्रमंदी। चाय आई तो सिगरेट भी सुलगाने लगे। पूछने के पहले बता दिया–पाँच से तीन पर आ गए हैं।

हम गुमसुम बैठे थे। चाय की चुस्की में डूबे हुए, गुजरने वाले लोगों से, साइकिलों-स्कूटरों से बहुत दूर खोए हुए से। आस–पास खेलते बच्चे भी हमारा ध्यान नहीं खींच पा रहे थे। मैं बीच-बीच में रफीक भाई की ओर ताक भी लेता था। किन्तु वे चाय और सिगरेट के साथ व्यस्त और उनकी निगाहें सातों आसमान की थाह लेने में। मुझे कैफी की वो लाइनें याद आने लगीं–आज तुम कुछ न कहो, आज मैं कुछ न कहूँ, बस यूँ ही बैठे रहो, हाथ में हाथ लिये, गम की सौगात लिये, गरमी-ए-जज्बात लिये...और न जाने क्या-क्या। मन ही मन याद करने की कोशिश कर रहा था।...शायद आखिरी पंक्ति थी–दूर पर्वत पर कहीं, बर्फ पिघलने ही लगी। तब तक भाईजान की निगाहें थाह लगाकर वापस धरती पर लौट आई थीं। अब होंठ हिले और शब्द सुनाई दिए, जहे किस्मत!

भाईजान ने बिना मेरे कुछ कहे मंजर भाँप लिया था। हमेशा की तरह तल्ख थे। आज धाँह थोड़ी ज्यादा थी–'मैं इन लोगों से आजिज आ गया हूँ। ये दोनों लोग तबरेज भाई और दिनेश भाई हर जगह ढिंढोरा पीटते चल रहे हैं कि हमने ट्रांसफर करवा दिया। अव्वल तो यह डेपुटेशन है मुकम्मल ट्रान्सफर भी नहीं। और साली इसी डेपुटेशन के लिए कम-से-कम सौ लोगों के सामने सिजदा किया होगा। कितनों के दरवाजों पर सर रगड़े होंगे। किसका-किसका नाम लूँ! और किसने मदद नहीं की? सबने अपने औकात भर मदद की ही। आपने भी अपने जानते मदद की। यूसुफ भाई ने भी अपने हिसाब से फोन-वोन करवाया ही। नहीं तो यह काइंया बुड्ढा यूँ ही अपने पुट्ठे पर हाथ थोड़े धरने देता।'

'दूसरी बुरी आदत है तबरेज भाई की कि दूसरों को चढ़ा देंगे और मौका माकूल नहीं लगा तो अपने पीछे हट जाएँगे। पिछले दिनों शिक्षा मंत्री

के प्रोग्राम को लेकर जो सूबेनियर पब्लिश हुआ था, उसकी जिम्मेवारी वी. सी. ने हमीं लोगों को सौंपी थी। फाइनल करने को उनके चैम्बर में बैठे थे। गर्ल्स कॉमर्स कॉलेज की प्रिंसिपल वर्मा मैडम के आर्टिकल पर हम तीनों लोगों को एतराज था। पोस्टकार्ड साइज का रंगीन फोटो और पासपोर्ट साइज की आर्टिकल। कहीं से भी प्रिंसिपल की शान के लायक नहीं लग रहे थे, न फोटो, न आर्टिकल। बात तय हुई थी कि पहले मैं एतराज दर्ज कराऊँगा, उसके बाद ये दोनों लोग भी अपने-अपने ढंग से सपोर्ट करेंगे। लेकिन मैंने तो अपने अन्दाज से बात रख दी और ये लोग बुड्ढे का चेहरा पढ़कर भाँप गए कि बात चुभ गई है सो चुप लगा गए। मैं बुरा बन गया। फोटो-आर्टिकल तो छपा ही, अन्दरूनी जानकारी मिली कि बुड्ढा डेपुटेशन खत्म करने के फिराक में है।

'यह तो मेरी खुशकिस्मती थी कि साइंस कांग्रेस के लिए प्रो. वी.सी. को पेपर तैयार करने के लिए मेरी याद आई। मैंने उनकी मदद की और उन्होंने मेरी। डेपुटेशन खात्मा का खतरा टला। अब शायद मुकम्मल ट्रान्सफर ही हो जाए।'

'वह बजाजा गली वाली क्या बात है भाई, कोई मार-पीट भी हुई थी शायद।' रफीक भाई ने अजीब डूबती निगाहों से देखा और देखते-देखते उनकी आँखें डबडबाने लगीं। फिर पूरी कोशिश से जज्ब करने में लग गए। आहिस्ता से खामोशी फिर हमारे बीच आकर बैठ गई। उसके गहरे साए में दबकर लम्हे सुबकने लगे। जब सिगरेट के धुओं से उतरी उदासी सूइयाँ चुभोने लगी तो हम उठ खड़े हुए। फिर न मैंने कुछ पूछा, न भाई से कुछ बताना मुनासिब हुआ। यूँ ही चुप-चुप हम एक-दूसरे से जुदा हो गए।

बाद में यूसुफ भाई से जानकारी मिली कि बजाजा गली का अग्रवाल-सदन, कुछ और नहीं अंसारी-मंजिल ही है, रफीक भाई का पुराना मकान। भाई को वहम हो गया था कि अगर किसी तरह अग्रवाल सदन की चौखट को एक बार पार कर लेते और ऊपर उस बालकनी से झाँक लेते जहाँ से उन्हें उछाला गया था तो शायद उनके पैरों की नामालूम सी तकलीफ दूर हो जाती। पैर शायद जमीं को पहचान पाते। हवा में लटके होने का भरम शायद दूर होता।

यूसुफ रफीक भाई के दूर के रिश्तेदार भी लगते थे। सो वो सारी बातों से परिचित थे। उन्होंने यह भी बताया कि भाई की एक और ख्वाहिश

थी कि काश वो अपने अब्बू को सिर्फ एक बार उसी बगीची में उन्हीं गुलाबों-बेली के क्यारियों के बीच बैठा पाते।...पूरे सुकून के साथ। और खुशबूदार एक प्याली चाय होती और कुछ नहीं।...होती तो बस पोएट्री की कोई किताब होती।

बस इन्हीं छोटी-छोटी ख्वाहिशों को पलकों पे उठाए वे बजाजा गली के गाहे-बगाहे चक्कर काटने लगे। जब देखिए उनके स्कूटर का रुख उसी ओर होता। हर बार सोचते कि अग्रवाल सदन के किसी बुजुर्ग से बात करें। लेकिन पहुँचते ही गड़बड़ा जाते। आखिर कोई क्योंकर मानता कि यह घर पहले इन्हीं का था, खासकर अग्रवाल खानदान के लोग।

रफीक साहब को भी कहाँ मालूम था कि उस मकान में उनकी छात्राएँ रहा करती हैं। बड़ी वाली तो इन्हीं के विषय में ऑनर्स कर रही हैं, छोटी वाली भी इंटर साइंस में है और इनकी केमेस्ट्री क्लासेज की फैन। जिस घर में रफीक भाई के दो-दो मुरीद हों घर वालों को पता लगना ही था। 'सर' के स्कूटर की आवाज सुनकर ही दोनों की खिलखिलाहट, बालकनी से ताक-झाँक और आँखों की चमक इतनी बढ़ जाती कि अंधे भी समझ लेते माजरा क्या है! भले रफीक भाई न समझे हों।

क्लासेज में लड़कियों वाले कोने की तरफ ताकने से इन्होंने तो तोबा की हुई है। वैसे इनकी पलकों पर तो ख्वाहिशों की तितलियाँ काबिज रहती थीं। उनका रंग उतरे तब तो दूसरों का रंग चढ़े। किन्तु मिस अग्रवाल्स के माँ-बाप ने अपनी बच्चियों के रंग-ढंग भाँपकर अपने हिसाब से हिस्ट्री और साइकोलोजी समझी। उनकी निगाहों में कहाँ ताब थी कि वे रफीक भाई की तितलियों को देख पाते। सो अनदेखे तितलियों की कारस्तानी से गली के शोहदों और अग्रवाल साहबान के स्टाफों के हाथों बुरी तरह जलील होकर एक दिन वापस आ गए। नन्ही तितलियों ने पलकों पर ही दम तोड़ दिया। शायद आँसुओं के गंगा-जमना में डूबने से साँसें घुँटी हों। मजबूरी और जलालत ने चाल की लटपटाहट और बढ़ा दी। जो सोचा, हो न सका। कदमों की जमीं की तलाश बाकी रह गई। वजूद का एक हिस्सा वहीं बालकनी के बाहर टँगा रह गया।

कागज तमाम किल्क तमाम और हम तमाम
पर दास्ताने-शौक अभी नातमाम हैं!

दिन खूँटे तुड़ाए बैल से भागे जा रहे थे। बच्चों की परीक्षाएँ, मेम साहब की बीमारी। सोचने की भी फुर्सत नहीं। महीने भी इतनी तेजी से बीत गए मानो किसी रेस में दौड़ रहे हों। तभी 'यूनिवर्सिटी वॉयस' की बैठक की खबर ने खलल डाली। ठीक बात है, साल-डेढ़ साल से प्रकाशन रुका पड़ा था। रफीक भाई के डेपुटेशन के बाद एक-दो ही इश्यू आ पाया था।

दिनेश भाई के यहाँ मीटिंग थी। रफीक भाई के सिवा सब जुट गए थे। माहौल खुशगवार था। फोन-सेल पर तो बातें होती रहती थीं। मिलना अच्छे-खासे दिनों के बाद हो रहा था। शायद उसका भी असर हो। तभी रफीक भाई का स्कूटर दिखा। रंग-ढंग बदला-सा, नया-नया। मालूम हुआ डेंटिंग-पेंटिंग करवाई है। भाईजान भी बदले-बदले दिखे। बाल-वाल ठीक से सँवरे हुए। क्लीनशेव्ड। ब्रांडेड शर्ट। ब्रांडेड पैंट। नए जूते-वूते। चेहरे पर लाली और आँखों में भरपूर चमक। चाल की लटपटाहट भी कम लगी। 'बात क्या है?'

'आपके रफीक भाई को एक रफीका मिल गई हैं, जिन्हें रफीक-ए-हयात क्या कहते हैं जीवन-संगिनी बनाना चाहते हैं,' तबरेज भाई ने खबर दी।

'क्या भाईजान! यह क्या सुन रहे हैं।...आपसे तो ऐसी उम्मीद न थी।...अरे! ये तो शरमा रहे। बात सचमुच सच है।'

खुशनुमा शोर से कमरा बजने लगा।

'अरे! बचपन की ही दोस्तानी हैं, रफीका साहिबा मिस तबस्सुम जहाँ। रायरंगपुर वाली छोटी बहन की ननद। इंटर की परीक्षा देकर छुट्टी मनाने गए थे। लूडो-शूडो का खेल हुआ करता था। खूब जुगनू पकड़-पकड़ हथेलियों में भरा करते थे जनाब। इसी बहाने गुदाज हथेलियों की रंगो-खुशबू चुराया करते। अरे! मियाँ को कम मत समझिए। खेले-खाए हैं। सैंतीस बहारें यूँ ही नहीं गुजरी हैं।'

सब जनरल नॉलेज बढ़ाने पर आमादा थे। उधर रफीक भाई झेंपे जा रहे थे।

सच तो यह है कि वो वाकया रफीक भाई सचमुच भूल गए थे। सहरा की तपतपाती रेत में चार दिना चाँदनी किसे याद रहती है? भला हो पब्लिक सर्विस कमीशन वालों का जिन्होंने तबस्सुम साहिबा का सेंटर न केवल राजधानी में बल्कि भाईजान के सिटी कॉलेज में ही दे दिया।

यानी कि मिलना तय था। शायद अल्लाह का करम अपना काम कर रहा था। परीक्षा-केन्द्र के रूप में राजधानी का चयन तो खुद तब्बसुम ने ही किया था लेकिन सिटी कॉलेज में ही सेंटर पड़ेगा, यह नहीं सोचा था।

'छोटी' निकाह के बाद कब मैके आई थी, यह रफीक भाई को भी याद नहीं। नई माँ और उनकी बेटियों से कभी पटा ही नहीं। एक यह कारण हो सकता है। दूसरा कि रायरंगपुर के संयुक्त परिवार में इतना काम रहता कि साँस लेने की फुर्सत नहीं मिलती। ऊपर से चार-चार बच्चे। बस अब्बू और उनसे खतो-किताबत चलती रहती। सौतेली बहनों की शादियों में भी किसी-न-किसी बहाने मटियाते रहीं, न ही आईं।

तबस्सुम अपनी खाला के यहाँ हसन-कॉलोनी में टिकी थी। नई-नई बसी थी कॉलोनी। तबरेज भाई जैसे प्रोफेसर, डॉक्टर, इंजीनियर, बैंककर्मी के लोग और कुछ व्यवसायियों ने कोपरेटिव बनाकर दो-चार बरस पहले ही इसको कॉलोनी बसाया था। बाउंड्री की ऊँची दीवारों पर घरों से कम खर्च नहीं हुए थे।

आज बरसों पहले उन गुदाज हथेलियों में बन्द किए गए जुगनू सैकड़ों-हजारों की संख्या में रफीक भाई के चारों ओर मँडरा रहे थे। पन्द्रह दिनों की परीक्षा के बहाने सुबहो-शाम की भेंट ने बीच के बरस मिटा दिए थे।

जीवन में बदलाव साफ झलक रहा था। साथ ही यह भी कि पहली बार किसी ने उनके पैरों की जमीं से जान-पहचान करवा दी थी। हालाँकि हवा, उनके पैरों और जमीं के बीच की हवा, बरसों से हर पल यह कोशिश करती रही थी किन्तु रही असफल। आज एक लगाव ने, जिन्दगी की ललक ने वह काम कर दिया था ऐसा लगता था। तबस्सुम भी अब इनके लेक्चरशिप, डॉक्टरेट, यूनिवर्सिटी टॉपर आदि-आदि के रुआब से बाहर आकर सचमुच की रफीका, खास दोस्त बन गई थी। लौटने के बाद भी हर तीन-चार घंटे पर मोबाइल पर बतियाए बिना दोनों को चैन नहीं आता था। एस.एम.एस. के लिए तो कोई टाइम की बन्दिश ही नहीं थी।

जिन्दा रहने के लिए इनसान कितने खूबसूरत बहाने ढूँढ़ निकालता है। एक ख्वाहिश की लाश पर दूसरी इच्छाओं की पौध। इन पहाड़ियों की

पथरीली जमीन पर भी सरगुजा के फूल अफरात में खिल उठते हैं, बस उस खास मौसम का इन्तजार भर करना होता है। वही सरगुजा के अनगिन फूल, नन्ही सूरजमुखियाँ रफीक भाई के वजूद पर खिली नजर आ रही थीं। अब इन फूलों को कोई नजर न लगे। अब कोई ताप नहीं। हलकी सी भी धाँह नहीं या खुदाया!

न जाने मैं कहाँ खो गया था। तबरेज भाई की तेज आवाज से होश आया, 'रफीक मियाँ आँख-कान खुली रखते तो तबस्सुम बेगम अब तक इनके आँगन में दो-चार बच्चे खेला रही होतीं। बुद्धि हो तब न। 'इन लोगों' की बुद्धि तो घुटनों में होती है। पढ़ने-लिखने से क्या होता है? हैं तो 'वही' न!'

तबरेज फिर अपनी औकात पर आ गए थे। अशराफ अपनी जोम पर थी। कमरे का तापक्रम एकाएक बदल गया था। इसका उन्हें एहसास ही नहीं था। वे अपनी रौ में बहे जा रहे थे, 'ये सन् सड़सठ में अटके हैं। लगता है, इनके साथ पूरी दुनिया भी गम में घुली जा रही है। ये सरासर बेवकूफी नहीं है तो क्या है? यह तो वही वाली मिसाल हुई कि एक जुलाहा रात में नाव से सफर को निकला लेकिन पाल खोलना ही भूल गया। सुबह तक पतवार से नाव को खेता रहा, लेकिन नाव जहाँ की तहाँ रह गई। लोगों ने पूछा तो सफाई दी कि क्या करें मेरा जो गाँव है, वह मेरी जुदाई बर्दाश्त नहीं कर सकता। ये भी सन् सड़सठ के किनारे ही पतवार खेते जा रहे हैं और जिन्दगी का पाल ही खोलना भूल गए।'

न जाने कौन बेवकूफी कर रहा था। पूरा कमरा उनकी आवाज से फटा जा रहा था। एकाएक खाए जा रहे खीर की मिठास ही गायब हो गई थी। तभी रफीक भाई ने अपनी कटोरी जोर से पटकी और कमरे से बाहर निकल गए। चेहरा तमतमा रहा था। चाल में फिर से उतनी ही लटपटाहट। स्कूटर तक पहुँचने में अच्छी-खासी देर लगी।

हमें मालूम था कि रफीक भाई कहाँ गए होंगे। तबरेज भाई को छोड़ हम एक-एक कर वहीं पहुँच गए। पीपल-तले की चाय गुमटी पर। वही पुराना मंजर था। वही आकाश, वही सिगरेट, वही धुआँ, वही खमोशी।

'ये अशराफ नमक है। हमारे जी-जान से लगे, ताजिन्दगी आहिस्ता-आहिस्ता गलाने वाले, यूसुफ भाई भुनभुना रहे थे।

मुझे कर्ण के रथ पर काबिज राजा शल्य की याद आ रही थी। बोल मारता, तंज कसता, छोटी जाति का एहसास करा कर्ण के मनोबल तोड़ने की कोशिश करता राजा शल्य।

'देखिए भाई! जो हुआ सो भूल जाइए। आप भी जानते हैं कि हम सबसे कितना लगाव है तबरेज का। अब हर इनसान में अच्छाई-बुराई होती तो है। इनसान तो इनसान ही है, भगवान तो नहीं है, सो बुराइयाँ तो होंगी। मसखरापन तो ठीक है। किन्तु कास्ट को लेकर तंज नहीं कसनी चाहिए यह तो मैं भी मानता हूँ। अब माफ कर दीजिए। भूल जाइए,' ये दिनेश थे, कसे तारों को ढीला करने की कोशिश में।

धीरे-धीरे माहौल हलका हुआ। वही 'यूनिवर्सिटी वॉयस' के अगले अंक की रचनाओं पर चर्चा हुई। यह भी तय हुआ कि भानजे के जन्मदिन पर रफीक भाई को जरूर रायरंगपुर जाना चाहिए। इस बार बहन से, दूल्हे भाई से खुलकर अपनी भावनाओं का इजहार करके आना चाहिए।

दिन की भागमभाग फिर शुरू। गरमी की लम्बी छुट्टी, फिर ससुराल में शादी। शहर से लम्बे समय तक दूर रहना पड़ा। बस मोबाइल का ही एक सहारा था। हाल-समाचार मालूम होते रहते। ग्रुप से मिली खबरों से यह अन्दाज लग रहा था कि रफीक भाई का रायरंगपुर दौरा कुछ अच्छा नहीं रहा। आफतनसीब हैं रफीक भाई। इससे ज्यादा कोई बता नहीं रहा था। फिर से चेन स्मोकिंग शुरू कर दी है, पैरों का मर्ज बढ़ गया है यह भी खबर थी। उनसे बात हो नहीं पा रही थी। मोबाइल का स्विच ऑफ रहता। क्या बात हो गई, समझ में नहीं आ रहा था। मन उचट गया। जल्दी लौटने का बहाना ढूँढ़ने लगा।

शहर लौटते ही सबसे पहले स्कूटर उठाकर आजाद गली की ओर निकला। एस.एम.एस. करके ग्रुप के और लोगों को खबर कर दी थी। स्कूटर रफीक भाई के घर की ओर मुड़ा तो अजब मंजर दिखा। रफीक भाई रिक्शे से घर के दरवाजे के पास उतरने की तैयारी कर रहे थे। पैर तेजी से काँप रहे थे। हाथों में एक छड़ी-सी पकड़ी हुई थी। रिक्शे वाले ने बाँह पकड़कर उतरने में सहायता की तब तक चबूतरे पर बैठे अब्बू उठे और बेटे को थाम लिया। नाली पार करते दोनों बाप-बेटे ऐसे थरथराते कदम बढ़ा रहे थे कि लग रहा था अब गिरे तब गिरे। मैंने एक्सीलेटर बढ़ाया। स्टैंड कर तेजी से बाँह थामने को बढ़ा मगर तब तक दोनों चबूतरे तक पहुँच चुके थे।

अब्बू मुझे देखकर अन्दर चले गए। रफीक भाई की आँखों में पहचान की कोई लहर नहीं उठी। हैलो का भी जवाब नहीं दिया। मिलाने को बढ़ा हाथ हवा में कुछ पल लटका रहा। मायूस हो सिमट गया। चारमीनार फूँकते रफीक भाई ने फिर आसमाँ की तरफ टकटकी लगा दी। मनहूस खामोशी हमारे बीच पसर गई। अजब अटपटा-सा लगने लगा। तब तक ग्रुप के और लोग पहुँचने लगे।

यूसुफ भाई-दिनेश भाई ने फुसफुसा कर जो बात बताई उसे सुनकर रफीक भाई की कमनसीबी पर रोना आने लगा।

सब ठीक ही चल रहा था रायरंगपुर में। बहन और बहनोई का तो पहले से ही मन था। वे बस रफीक भाई की मनशा जानना चाहते थे। इतनी पढ़ी-लिखी लड़की को ऐसे-वैसे घर में तो देने से रहे। बरसों पहले भाई जब वहाँ गए थे तो दोनों का लगाव उन लोगों ने भी महसूस किया था। उन्हें कोई उज्र नहीं था।

लेकिन किसी की बुरी नजर लग गई।

भानजों के संग शहर का खूब चक्कर काटते शायद काफी थक गए थे रफीक भाई। बेडरूम में उठँग कर टी.वी. देखते गहरी नींद में सो गए। अब मसहरी लगाने गई थी कि टी.वी. ऑफ करने, ज्यादा रात भी नहीं हुई थी। दस-साढ़े दस बज रहे होंगे। हाँ! ढँग की साड़ी पहनी हुई थी। माथे पर आँचल-वाँचल भी था तभी रफीक भाई आधी नींद में उठे और अम्मी-अम्मी कहकर झकझोरने लगे। कुछ बड़बड़ा भी रहे थे। अजीबो-गरीब हरकत से तबस्सुम काफी घबड़ा गईं और इन्हें झटककर भागी। इन्हें तो उस वक्त कुछ पता ही नहीं चला। फिर आराम से गहरी नींद में सो गए। सबेरे सबका मुँह उतरा हुआ था। तबस्सुम कहीं दिख नहीं रही थी। मालूम हुआ एक एन.जी.ओ. के लोगों के साथ कोई प्रोजेक्ट पूरा करने निकली हैं। शायद तीन-चार दिनों में वापस आए। मोबाइल स्विच ऑफ बता रहा था।...वह आज तक बता रहा है। बात बिगड़ चुकी थी। 'छोटी' ने दूल्हे मियाँ के जाने के बाद इशारा किया, तब से तबीयत बिगड़ती चली गई। शायद इस बार ख्वाबों का महल ज्यादा पुख्ता और ज्यादा ऊँचा था। भरभराकर गिरा तो गहरी चोट आई। शायद एक बार फिर पैरों तले की जमीं गुम हो गई। दो-चार कदम चलना भी मुश्किल हो रहा है।

जिद्दी भी गजब के हैं। न चेकअप करवा रहे हैं, न कोई दवा ले रहे। फिजियोथेरेपिस्ट के यहाँ जाने को तैयार नहीं होते। फिर चारमीनार

पर आ गए हैं। अब एक ही रास्ता बचा है कि किसी तरह भेल्लोर ले चला जाए।

उस रात की हरकत पर कुछ बोलते ही नहीं। बहुत कुरेदने पर बस इतना बताया कि मेरी अम्मी मरी नहीं हैं। वो हैं। हर साड़ी पहनी तालीमयाफ्ता पाक नफीसा मुझे अम्मी लगती है। यह सच है। लेकिन उस रात क्या हुआ यह याद नहीं।

खामोशी और उदासी की मनहूस काली बिल्लियाँ फिर से हमारे चार सूँ डोलने लगीं। हमारी समझ में कुछ नहीं आ रहा था। सिर झुकाए सोचे जा रहा था आखिर कब तक कोई इस तरह जी सकेगा?

तभी यूसुफ भाई की मोबाइल की उदास धुन ने सन्नाटे को तोड़ने की हिम्मत की। अनजान नम्बर था। झिझकते हुए हैलो किया। उधर से जो हलकी-सी आवाज आई उसने तो बस जादूगरी दिखाई। रफीक भाई की निगाहें जागीं। अब चश्मेनम में पहचान की परछाइयाँ काँपने लगी थीं। बिला शक उस ओर तबस्सुम थी। रफीक भाई की अश्कबार आँखें यह बता रही थीं कि सीने में जमा बर्फ-सा गम अब पिघलने लगा था।

('कथादेश' : जून, 2007 में प्रकाशित)

चम्पा गाछ, अजगर और तालियाँ

यह कहानी एतवारी खड़िया उर्फ सरस्वती बागे की है या लाठी सिंह दरोगा की, ठीक-ठीक नहीं मालूम। यह हीरापुर कहाँ है, कहाँ है खड़िया-घाट, बीरू परगना कहाँ है, कहाँ है बरवे राज, यह भी नहीं मालूम। कोयल, कारो, शंख, ईब और ब्राह्मणी नदियाँ किन इलाकों में बहती हैं, इसकी भी ठीक जानकारी नहीं है। हातमा बस्ती की तिर्की चाय दुकान पर टुकड़ों में जो गप्प सुने हूबहू वही रखने की कोशिश कर रहा हूँ। अपनी समझ से नाम-धाम, गाँव-पता सब बदलने की कोशिश की है। फिर भी किन्हीं साहब-सुबहा को लगे कुछ भी उनसे मिलता-जुलता है, तो पहले ही हाथ जोड़कर माफी माँग लेता हूँ। क्षमा माई बाप! इस गरीब कथाकार को माफ कर दीजिए। अब चमड़े की उँगली है और लोहे की कलम, थोड़ी-बहुत इधर-उधर फिसल गई होगी, सो माफी।

राजधानी : रंगरंग के रिझरंग

राजधानी के रहवासियों की जिन्दगी में हर क्षण का आनंद। हर कोई इस कोशिश में कि रूटींड लाइफ को एक खूबसूरत-सा टर्निंग पॉइंट दे। जिए तो क्वालिटी लाइफ। ऐसे-वैसे जीने में क्या रखा है? यहाँ हर तरह के शौक के लिए पर्याप्त स्पेस। द स्काई इज अनलिमिट। अगर पीने-पिलाने का शौक है तो तरह-तरह के क्लब मौजूद। खेलने-खाने का शौक हो तो उसका इंतजाम-बात भरपूर।

लेकिन बात इतनी भर नहीं थी। यह टर्निंग पॉइंट का शगल तेज नशे-सा था। और इस नशे के इतने-इतने रूप, इतनी वेराइटी कि क्या कहने? कुछ को साइबर कैफे में रंगीनी तलाशने का शगल था तो कुछ को सचिवालय के गलियारों की धूल से चमेली के तेल निकालने का नशा।

यहाँ के बुद्धिजीवी-मसिजीवी समाज के मिजाज को समझना और भी कठिन। इनका एक ग्रुप ऐसा था, जो विद्या मंदिरों का सारा बोझ अपने

कंधे पर उठाए फिरने का भ्रम पाले था। एक ग्रुप को छात्रों के भविष्य की इतनी ज्यादा चिंता थी कि पूछिए मत। वे येन-केन-प्रकारेण उन्हें डाक्टरेट की डिग्री दिलाने को आतुर थे। विषय कोई भी हो, चन्द दिनों में थीसिस तैयार। यह ऐसे उद्भट विद्वानों का समूह था कि साहित्य का प्राध्यापक भी फिजिक्स का थीसिस लिखने की कूवत रखता था। इसलिए शक की कोई गुंजाइश ही नहीं। बस इनके पैकेज का ध्यान रखना था। बाकी सारा कुछ वे ध्यान में रखते थे, यूनिवर्सिटी, विषय, एक्सपर्ट आदि-आदि सब कुछ।

राजधानी में बुद्धिजीवियों की एक और खास किस्म पाई जाती थी। ये अपने को एक्टिविस्ट कहलाना पसंद करते थे। इनके टाइम पास करने का ढंग और भी निराला। जब तक रोज घंटा-आधा घंटा इन्हें अपनी विद्वत्ता के वमन का मौका नहीं मिलता तब तक इनका खाना नहीं पचता। पेट में गैस होने लगता। बेचैनी पूरी देह से प्रकट होने लगती। लेकिन राजधानी इनका भी खूब खयाल रखती थी। प्रतिदिन कहीं न कहीं कॉन्फ्रेंस-सेमिनार, विमर्श-संगोष्ठियों का सिलसिला चलता रहता। यह ग्रुप इन विमर्शों-सेमिनारों का स्थायी चेहरा था। चिन्तन-वमन उनका स्थायी भाव। ललाट से बौद्धिकता टपकती रहती। इनमें से कुछ अध्यापक-प्राध्यापकनुमा प्राणी थे तो कुछ पूर्व क्रांतिकारी पत्रकार, कुछ स्वयंसेवी संस्थाओं के कर्ता-धर्ता-कार्यकर्ता, तो कुछ राजनीतिक दलों के बौद्धिक-सांस्कृतिक प्रकोष्ठों के अधिकारी। शेष कुर्सियों को कुछ कवि-लेखक-मीडियाकर्मी भरा करते। इन कार्यक्रमों के संयोजक अधिकांशतः किसी मल्टीनेशनल, मल्टीस्टेट या मल्टीडिस्ट्रिक्ट एन.जी.ओ. के सचिव-अध्यक्ष-निदेशक आदि हुआ करते। इनमें से अधिकांश के बायोडाटा में यह बात सम्मिलित रहती कि उन्होंने पूर्व में कोई न कोई सम्पूर्ण क्रांति या समूल क्रांति सम्पन्न की है। साथ ही भविष्य में भी एक-दो क्रांतियाँ सम्पन्न करने की प्रबल संभावना।

इन क्रांतिवीरों की एक कॉमन पहचान थी। इनके चेहरों पर हलकी-गाढ़ी दाढ़ियाँ पाई जातीं। इन लोगों ने भूतपूर्व क्रांति की याद में दाढ़ी बढ़ा रखी थी कि किन्हीं चेतना पारीख की याद में नहीं मालूम। हाँ! कवि ज्ञानेन्द्रपति को लगता है कुछ-कुछ मालूम था क्योंकि उनकी कविता चेतना पारीख से पूछ रही थी कि चेतना पारीख कैसी हो? अब भी पहले जैसी हो, अब भी लाइब्रेरी जाती हो, जिससे प्यार करती हो उसे दाढ़ी रखाती हो।

राजधानी के लिए क्रांति भी अजीब शै थी। हरितक्रांति, श्वेतक्रांति, नीलीक्रांति आदि-आदि कई क्रांतियाँ आकर गुजर गई थीं या गुजरने की तैयारी में थीं। अब तो बड़े-बड़े घरानों के बड़े-बड़े अखबार भी क्रांति करने पर उतारू थे। उन्होंने पूर्व क्रांतिकारी दाढ़ीधारी विप्लवी पत्रकारों को अपना ब्रांड एम्बेसडर बनाया हुआ था। अखबारों के अन्य पृष्ठों की तो नहीं पर पिछले पृष्ठ पर जिस प्रकार देशी-विदेशी अभिनेत्रियाँ अपने अधोवस्त्र में काबिज रहतीं, उनके नजले-जुकाम, ब्यॉयफ्रैंड-गर्लफ्रैंड की सूचनाएँ जितने जलजले तेवर से परोसी होतीं, उनसे कोई न कोई क्रांति होने की संभावना प्रबल हो गई थी।

दरअसल जब से मनोज कुमार ने क्रांति फिल्म बनाई थी तब से यह लफ्ज बहुत ही पॉपुलर हो गया था। आज भी जब यह लफ्ज सुनाई पड़ता तो खोपड़ी के पीछे उसी फिल्म का साइनिंग ट्यून बजने लगता... क्रांतिऽऽऽऽ...क्रांतिऽऽऽऽ...। आँख मूँदने पर पानी में भीगी, रस्सी में जकड़ी हेमामालिनी लोट-पोट करते दिखने लगती। सच कहा जाए तो इसी दृश्य ने इस फिल्म को और इस लफ्ज को हिट कर दिया था।

बहरहाल, बात सेमिनारों-गोष्ठियों की चल रही थी, उनके विषय बहुत गंभीर हुआ करते, जैसे–विस्थापन, पलायन, जल, जंगल, जमीन आदि-आदि। आयोजक-प्रायोजक थोड़ा ज्यादा ही गंभीर दिखते। किन्तु श्रोता कितने गंभीर रहते, यह कहना मुश्किल।

यह अखिल भारतीय पोटा हटाओ मंच का कॉन्फ्रेंस था। वातावरण एकदम गरम। व्यवस्था को सौ-सौ किलो की लानतें भेजी जा रही थीं। वामन पंडित माइक पर थे–'भयभीत शासक बिना दमनकारी कानून के रह नहीं सकता। चाहे वह राल्ट एक्ट हो चाहे पोटा। सबका एक ही मतलब–नैसर्गिक न्याय-बराबरी का मौका जैसी थ्योरियों को उलट देना। सत्ता जिसे खतरनाक समझती है, उसके लिए न्याय की नौटंकी भी क्यों करे? बस उठाया और बंद कर दिया। हाजत ने देह की सारी हड्डियाँ तोड़ दी। पोटा में पुलिस कस्टडी 24 घंटे के बदले तीस दिनों की। अग्रिम जमानत का कोई चांस नहीं। न्यायिक हिरासत एक सौ अस्सी दिनों की। यह छोटा-सा राज्य पूरे देश में इस मामले में अनोखा है कि यहाँ कश्मीर से भी ज्यादा लोग पोटा में नामजद किए गए। साढ़े छह सौ लोगों पर प्राथमिकी दर्ज की गई है। बत्तीस सौ लोग नामजद हैं। दो सौ से ज्यादा गिरफ्तारियाँ हो चुकी हैं। नामजद लोगों में अधिकांश आदिवासी, दलित,

पिछड़ी जातियों के भूमिहीन मजदूर हैं। इस खतरनाक कानून के तहत स्कूल-कॉलेज जाने वाली लड़कियाँ, चरवाही करने वाले बच्चे, बूढ़े-बुजुर्ग गिरफ्तार किए गए। बारह-चौदह वर्ष के बच्चों को पुलिस आतंकवादी मानती है। कहती है कि ये नक्सलियों के इन्फार्मर हैं। गिरफ्तारियों के डर से गाँव-के-गाँव खाली हो रहे हैं। अपने खेत-खलिहान छोड़कर लोग पंजाब-हरियाणा भाग रहे हैं। ऐसा कब तक चलेगा? हम हाथ पर हाथ धरे बैठे रहेंगे?'

वामन पंडित की आवाज फटने लगी थी। चेहरा लाल-भभूका, देह थरथरा रही थी। लेकिन पिछले तीन घंटों से इन्हीं बातों को सुनते-सुनते श्रोता ऊब चले थे। खासकर जिन्हें माइक पर खुजली मिटाने का मौका नहीं मिला था, वे ज्यादा बेचैनी दिखा रहे थे। निगाहें वामन पंडित की भंगिमाओं के बदले घड़ी की सूइयाँ निहार रही थीं। हॉल के बाहर कॉरीडोर में लंच व्यवस्था की खटर-पटर चल रही थी। श्रोता अब भाषण के बदले पूर्णतया राशन-उन्मुखी लग रहे थे। मंच की अनुभवी आँखें यह भाँप रही थीं। समेटने की तैयारी शुरू हुई। तय हुआ एक तथ्य-अन्वेषी समिति का गठन किया जाए। यह दल पूरे राज्य में घूमकर पोटा की गिरफ्तारियों की सच्चाई परखेगा। उसके बाद आगे की कार्रवाई तय होगी। आखिरी बार जोरदार तालियाँ बजाने का आग्रह हुआ। भोजन के पहले इतनी मेहनत जायज थी।

कृष्णमृगी, कस्तूरी गन्ध और आहट

एतवारी खड़िया को अपने गाँव पर बड़ा गुमान था। शंख नदी की एक धारा उसके गाँव पुरनापानी को घेरकर बहती, जो आगे बढ़कर दो जगहों से पहाड़ियों से गिरती। इन झरनों का नाम सुग्गाकटा घाघ और पेरवा घाघ रखा गया था। घाघ यहाँ झरनों को कहते हैं और पेरवा कबूतरों को। दोनों घाघों की ओट में कई गुफाएँ थीं। उनमें से एक में तोतों ने बसेरा किया हुआ था और दूसरे में कबूतरों ने। बरसात के दिनों में झरनों से गिरते धार-धार पानी में जब तोते और कबूतर गिरह मारकर गुफाओं में घुसते तो नजारा बहुत ही खूबसूरत हो जाता। इन दोनों झरनों ने एतवारी के गाँव को एक अलग पहचान दी थी। एक अलग-सा नाम दिया था। हाट-बाट में पेरवा घाघ वाला पुरनापानी कहने पर लोगों की नजरों में

थोड़ी-सी जलन की बू मिलती। ऐसा नहीं था कि लोग झरनों के बहुत शौकीन थे या कबूतरों के बल्कि गाँव को घेरकर बहता पानी उनके दिलों की आँच बना हुआ था, जो खेतों को साल भर हरा-भरा रखता। इन खेतों की गोद हमेशा भरी-भरी रहती। धान, गेहूँ, ईख, अरहर और हर किस्म की सब्जियाँ। जिन फसलों को नजर भर देखने को आन गाँव के लोग तरसते, वे फसलें यहाँ लहराती रहतीं। इलाके में सबसे ज्यादा पढ़ने वाले लड़के पुरनापानी के। नौकरीयाहा लोग, सबसे ज्यादा पुरनापानी के। सबसे तेज खिलाड़ी पुरनापानी के। सब हाटों में भारी किसान पुरनापानी के।

एतवारी जब मिडिल स्कूल पहुँची तो बड़े भाई (दादा) ने उसका नाम सरस्वती लिखवाया। टाइटिल में खड़िया की जगह बागे गोत्र का नाम। दादा ने भी तो नाम बदला था, तेलंगा खड़िया से रवीन्द्र बागे। बागे यानी हिरण, उनका गोत्र था। पुरनापानी में सारे खड़िया लोग इसी गोत्र के थे। हिरण से ही उनके वंश की शुरुआत हुई। वह उनके लिए पवित्र और पूजनीय था। आदिवासियों ने सारे पशु-पक्षियों, सारी वनस्पतियों को अपना पूर्वज मान रखा था। यह एक बहुत ही खूबसूरत एहसास था। प्रकृति के साथ जुड़ाव का खूबसूरत फलसफा।

आजा (पितामह) बताते हैं कि हजारों-लाखों साल पहले अफ्रीका और एशिया महादेश को जोड़ने वाली जगह लेमुरिया से खड़िया लोगों ने यात्रा शुरू की थी। फारस में बसने के बाद जनसंख्या बढ़ी तो पूरब की ओर बढ़े। हिमालय की चढ़ाई, हाथों का भी सहारा लिया। दबाते हुए आगे बढ़े। हाथों से इस तरह दबाने की क्रिया खड़िया में तिबःतना कहलाती है। इसी तिबःतना से तिब्बत बना। वे डेलऽअपुर (दिल्ली), अजोड़ऽअपुर (अयोध्या), पअटोपुर (पटना) और रोःऽअपुर (रोहतास) होते हुए हीरापुर पहुँचे। अलग-अलग गोत्रों के अलग-अलग गाँव बसे। धीरे-धीरे बीरू परगना के चार सौ चौरासी गाँव जगर-मगर हुए।

सरस्वती के आजा ये कहानियाँ बड़े चाव से सुनाया करते। रिटायर्ड लोगों का शगल। वैसे पूरा रिटायर्ड कैसे कहिएगा। खेती-किसानी में अब भी जान अड़ाए रहते। हाँ! जवानी के दिनों की बात ही कुछ और थी। बहुत काम किया। मास्टर प्यारा केरकेट्टा के दाहिना हाथ थे। पूरे खड़िया इलाके में, अपना जानते स्कूलों का जाल बिछा दिया इन लोगों ने। प्यारा मास्टर को अपने समाज पर बहुत भरोसा। बिना पढ़ाई के खड़िया समाज

बढ़ नहीं सकता। प्यारा मास्टर के साथ-साथ आजा का भी खूब नाम। खूब काम किया। खूब मास्टरी की।

यही सब संस्कार बच्चों में डालना चाहते हैं आजा। समाज के लिए जीना, समाज के लिए मरना। आदिवासी अगर केवल अपने लिए सोचने लगा तो समझो वह आदिवासी नहीं रहा। अगर यही चलन बढ़ा तो समझो आदिवासी समाज नहीं रहेगा। आजा खूब साफ-साफ बोलते।

सरस्वती के बाबा (पिता) रमेश बागे, अपने जमाने के टॉपर छात्र हुआ करते। इंटर करते रेलवे की नौकरी। जाने किसकी नजर लग गई! रवीन्द्र अभी मैट्रिक में ही पहुँचा था कि एक दुर्घटना में गुजर गए। जवान बेटे की मौत ने आजा को उदास कर दिया। देह-समाँग एकाएक बैठ गया।

लेकिन पोते का नाम आजा ने यूँ ही तेलंगा नहीं रखा। तेलंगा खड़िया, वीर शहीद, जिनकी 'जोड़ी पंचैत' (पंचायत) की बैठकों की खबर से ब्रिटिश साम्राज्य थरथरा गया। 1850-60 में जिन्होंने अंग्रेजों और उसके जमींदारों के खिलाफ उलगुलान (क्रान्ति) की मशाल जलाई। छापामार युद्ध लड़ा। जेल गए। पन्द्रह साल। लौटे फिर लड़ाई शुरू।

'जोड़ी पंचैत' भी गजब हथियार। न जाने किस-किस देवताधन-पुरखामन ने यह सोच दी। हर गाँव के अखड़ा में पहले बेड़ो (सूर्य भगवान), पोनोमोसोंर (परमेश्वर) और पितर-पुरखों की पूजा, फिर तीर-धनुष, गँड़ासा-कुल्हाड़ी का अभ्यास। तब बैठकर गाँव-समाज की हालत पर बातचीत। भुइंहर जमीन, बाप-दादा, पुरखा-पूर्वज की जमीन, जंगल काटकर धनहर बनाई गई जमीन, जमींदारों की कैसे? धरती माई और किसानों की कमाई के बीच पर्चा-पट्टा कैसा? कैसी मालगुजारी? बेगारी, रुआब, मारपीट, धान-धन-बेटियों की लूट अब नहीं। बस उलगुलान! हो उलगुलान!

प्यारा मास्टर और उनके साथियों ने आजादी के दिन देखे। लेकिन खाली आजादी का क्या हो? पेट तो वैसे ही खाली। आगे भी बस अँधेरा। दोन, टाँड़, टुँगरी की खेती के भरोसे बस चार-छह महीना। ज्यादा-से-ज्यादा आठ महीना। बाकी दिन? फिर गाँव-गाँव बैठक। कुछ-कुछ वही 'जोड़ी पंचैत'। गाँव-समाज जुटा। एका की ताकत। स्कूल खुलने लगे। समाज के भरोसे स्कूल। समाज के भरोसे पढ़ाई।

लेकिन तेलंगा उर्फ रवीन्द्र बागे को कई-कई तरह से सोचना पड़ता है। गाँव-गाँव की गैरमजरूआ जमीन, तालाब-पोखरा पर पहिलका

जमींदारों के लगुआ-भगुआ, लठैत-बराहिलों का कब्जा कब तक? जंगलों पर गुंडा-ठेकेदारों का राज, केन्दु पत्ता तोड़ाई की मनमाना मजदूरी, बिना लाइसेंसी क्रेशर-साथ और न जाने क्या-क्या। एक ठो बात हो तो बताई जाए। सबसे ज्यादा टेंशन थाना और ब्लॉक से। ठीक गाता है रामावतार चौकीदार, 'जब से ई बिलौक बनल, गरीबन के जमलोक बनल।'

फिर वही गाँव-गाँव, अखड़ा-अखड़ा बैठकी। फुटबॉल मैच एक औजार। नौजवानों को एकजुट करने का सहज उपाय। जोड़ा खस्सी टूर्नामेंट। सालों भर। कभी इस गाँव, कभी उस गाँव। मैच के बाद बैठकी। 'जोड़ी पंचैत' का नवा रूप। धीरे-धीरे गाँव के गैरमजरूअ पर गाँव का कब्जा।

सरस्वती यही सब देख-सुन बड़ी हो रही थी। बिन बाबा (पिता) की टूअर बेटी। सोना-रूपा-सी प्यारी, पर उदास-उदास। माँ तो जैसे गूँगी। मुँह में जबान ही नहीं। पहले भी चुप्पा ही थी। सिर झुकाकर खटते रहने वाली। बाबा के गुजरने के बाद तो एकदम गूँगी ही हो गई। दिन भर में एकाध बार नजर उठाकर बेटी को देख लेती। स्कूल भेजते समय चोटी गूँथना जैसे मजबूरी। अब तो बड़ी हो रही थी खुद गूँथ लेती। बेटा हॉस्टल से एतवार-एतवार आता तो पसन्द का खाना राँधकर परोस देती। बाकी सब आजा देख लेते—वही बोलते-बतियाते, दुलारते-पुचकारते।

सरस्वती सुबह-शाम आजा के साथ खेत-खलिहान, जंगल-पतार घूमते रहती। घूमते-घूमते भी आजा कुछ न कुछ बताते रहते। जंगल-टुँगरी में जड़ी-पत्ती से जान-पहचान। यह तुतमलंगा है फोड़ा पकाने में, चिरैता, काढ़ा बुखार उतारने में। वनतुलसी, साँपगन्धा, कुकरौंधा, नीम, करंज। शाम से आजा के पास बैठकर स्कूल की पढ़ाई।

सरस्वती हाईस्कूल पहुँची। गोत्र का लक्षण दिखने लगा। हिरणी जैसी बड़ी-बड़ी चंचल आँखें। पैरों में उड़ान। स्कूल के रास्ते जहाँ खाली-सुनसान पाती, कुलाँचें भरने लगती। स्कूल खेलों में चार सौ मीटर तक के सारे मेडल्स पर स्थायी कब्जा।

दसवीं पहुँचते-पहुँचते आजा ने एक और जिम्मेवारी डाली। टोले के एकदम छोटे बच्चे-बच्चियों को अक्षर-ज्ञान कराने की जिम्मेवारी। स्कूल जाने से पहले सबेरे-सबेरे दो घंटे की ड्यूटी। लेकिन इतवार के इतवार आजा के साथ वैद्यकी करने का शौक तो खुद जागा था। जड़ी-बूटी,

गाँठ-पत्ती सब सूखाने-कुटने का काम मगन हो कर करती। ऐसा कोई भी नहीं मिला, जिसकी टूटी हुई हड्डी को सरस्वती ने सीधा किया हो और हड़जोरी की पत्तियाँ बाँधी हो और वह ठीक नहीं हुआ हो। जादू था लड़की के हाथों में।

सरहूल पर्व की छुट्टी। रवीन्द्र संगी संग गाँव। संगी रामेश्वर, रामेश्वर गंझू। बगल के जिले का। दोस्त कम, भाई ज्यादा। सरस्वती को एक दादा और मिले। जैसे-जैसे बड़ी हो रही थी एक सुगन्ध सी फैल रही थी सरस्वती के आस-पास। दादा हँसी करते। माँ के पेट से नहीं आई है सरस्वती, यह तो चम्पा फूल के घड़े से निकली थी। सिवान पर चम्पा फूल का छतनार गाछ। खूब फूल खिलते। बचपन में बिछकर लाता और घड़े में भरता। एक दिन सबेरे-सबेरे उसी घड़े में थी सरस्वती। कभी रोती, कभी किलकारी भरती। माँ ने तो बस पाला।

बचपन से ही चिढ़ाने के लिए यह किस्सा सुनाया करते दादा। शुरू-शुरू में तो खूब बुरा लगता। पैर पटक-पटककर रोती। लोटती। माँ से बार-बार पूछती। माँ खूब प्यार से चुप कराती। खाने के लिए लड्डुआ देती। लेकिन सच-झूठ नहीं बताती। खैर! वे बचपन की बातें। अब तो सरस्वती सयानी हो गई। सब समझती थी। दादा कितना भी चिढ़ाते अब थोड़े चिढ़ने वाली।

हर बार की तरह रवीन्द्र शाम को ब्लॉक हाईस्कूल फील्ड में। वह जोड़ा टूर्नामेंट। खत्म होते-होते अँधेरा हो गया। पर्व-त्योहार का माहौल। साथियों का हड़िया पीने का मनं। पर्व-त्योहार में अनुशासन-बंधन थोड़े ढीले पड़ते। थाना और ब्लॉक कॉलोनी के बीच लोहराटोली में घरे-घर हड़िया-दारू की बिक्री। लोहरा, कारीगर जाति पर गाँव-घर में खेती-बारी नहीं। केवल लोहा की कारीगरी के बल पर अब जिन्दगी काटनी मुश्किल। हर हाट-बाजार में टाटा कम्पनी की कुदाल-खुरपी बिक रही हो तो लोहरा लोगों का कुदाल कौन ले? हारकर पेट पालने का यही तरीका।

लेकिन रवीन्द्र लोग का हड़िया पीने जाना काल हो गया। पहले से थाना का एक जवान बैठा पी रहा था। शायद महुआ दारू। ज्यादा ही पी ली थी। छह फुटा कद, कड़ियल मूँछें और लाल-लाल आँखें। गजब लग रहा था। एक भय का माहौल। दरवाजे पर पैर पसारकर बैठा जिसको-तिसको गालियाँ दे रहा था।

शुरू-शुरू में इन्हें भी झिझक हुई। यहाँ बैठे कि नहीं बैठे। लेकिन रवीन्द्र को लगा वे लोग भी भयभीत होकर किनारे हो जाएँगे तो इनके सामने खड़ा कौन होगा? सो इन छह-सात जवानों का झुंड भी वहीं जम गया। थोड़ी देर तक वह सिपाही थोड़ा सावधान रहा। गाली-गलौज बन्द। पैर समेटकर बैठ गया। लेकिन पन्द्रह-बीस मिनट के बाद फिर पुराने हाल में। शायद नशा पूरे चढ़ गया था। रवीन्द्र-रामेश्वर ने अपने साथियों को इशारा कर दिया था कि ज्यादा नहीं पीना है धीरे-धीरे पीना है। हर हाल में होश बनाए रखना है। सहमी हवा कह रही थी कुछ होगा। कुछ अनहोनी। अघट।

सही में अघट घट गया। सिपाही ने फिर एक बोतल माँगी। लोहारिन अभी-अभी बाहर निकली थी। चिंचियाने लगा सिपहिया। हारकर जवान बेटी बोतल लेकर कोठरी से निकली। पास आते ही छाती पकड़ ली और गोदी में खींचने लगा। डरकर चिल्लाने लगी बच्ची। रवीन्द्र को आव न सूझा ताव पास रखा काँसे का लोटा सिपाही के माथे पर। फिर तो पटकम-पटकी। मारपीट। इतनी पिटाई हुई सिपाही जी की कि नशा फट गया। दौड़कर थाने की ओर भागा।

ये लोग भी समझ गए अब रुकने पर खैर नहीं। मिनटों में पूरा थाना उलटने वाला है। खाकर पसरो, मारकर ससरो, है पुरानी कहावत किन्तु बिलकुल व्यावहारिक। सो वे अँधेरे में ससर गए।

पाँच मिनट के बाद लोहराटोली का जो गंजन हुआ कि वे बरसों-बरस दारू-हाड़ी बेचना भूल गए। इतनी मार, इतनी लूटपाट कि चंगेज भी शरमा जाए। सारा छप्पर लाठियों से पिटाकर धूल हो गया। बर्तन-बासन सब चूर-चार दिए गए। किसकी बेटी कब उठी, किसकी पतोहू गायब हुई कौन कहे? पूरे टोले की यही कहानी। सबेर में सब नुची-चुथी बिसुरते आईं। यह तो होना ही था।

लेकिन थाना प्रभारी लाठी सिंह उर्फ आर.के. बड़ा हैरत में थे। घोर आश्चर्य। उनका इलाके में इतना रुआब, इतना नाम। हिम्मत कैसे पड़ी, उनके थाना के जवान को हाथ लगाने की। ठीक है, इस थाने में आए हुए अभी दो ही महीने हुए थे। किन्तु इन्हीं दो महीनों में जो धाक जमाई थी कि लोग साल-भर में नहीं जमा पाते। निकलते तो बाजार में सन्नाटा छा जाता। कुत्ते तक दुम दबाकर किनारे हो लेते। गाड़ियाँ एक साइड होकर पास होने लगतीं। इस रुआब के पीछे मेहनत थी।

योजना थी। ऐसे ही नहीं रुआब जमता है और न लक्ष्मी कृपालु होती हैं।

चार्ज लेते देर नहीं की थी लाठी सिंह ने। तुरन्त अभियान पर निकले। फोर्स तैयार करवाया। जीप जिला मोड़ पर। सारे ओवरलोडेड बस, ट्रैक्टर, चार सौ सात रुकवाए गए। सीट से ज्यादा यात्री नीचे। अब सब कानून-कायदे से चलेगा। लाठी सिंह चिंघाड़ रहे थे।

उधर मुच्छड़ हवलदार बड़ी जुल्फी वाले लड़कों को एक लाइन में खड़ा कर रहा था। लौंडियों जैसे कपड़े-बालों वाले लड़कों से लाठी सिंह को भारी चिढ़ थी। दरअसल पूरे औरत जात से ही चिढ़ थी। सारे जुल्फी वाले लौंडे-लपाड़ों से थूक चटवाई गई। कान पकड़ कर उठक-बैठक करवाया गया। हज्जामों से बाल कटवाए गए।

दूसरा दिन खान क्रेशर मालिकों और केन्दु पत्ता के ठीकेदारों के लिए काल बन कर आया। कागज दिखाइए, पत्तर दिखाइए। लीज एरिया से बाहर काम काहे हो रहा है। काम बन्द कीजिए। पोल्यूशन बोर्ड का एन. ओ.सी. है कि नहीं। पहले एन.ओ.सी. लाइए फिर क्रेशर स्टार्ट होगा।

माने कि पूरे इलाके में आतंक। हर हाट-बाजार, चाय-गुमटी में लाठी सिंह की चर्चा। एतना कड़ियल, एतना जानकार दरोगा! ई जिनगी में तो नाय देखे थे बप्पा! जनता अस-अस कर रही थी।

दस दिन-पन्द्रह दिन में सब रास्ते पर। थाना का नया रेट फिक्स। बीसों साल से धन्धा कर रहे लोग इतना टाइट रेट थाना को कभी नहीं दिए थे। लेकिन क्या करें, देना पड़ा। इसी थाने से रोटी कमानी है तो बड़ा बाबू से तो राड़ लिया नहीं जा सकता।

आर. के. उर्फ लाठी सिंह की यही स्ट्रेटजी। हैबोक क्रियेट करो फिर रेट टाइट कर दो। ऊपर तक खिलाओ। महीने-दो महीने में इनकाउंटर करते रहो। ऊपर के अफसर भी खुश।

ऐसे नहीं हुआ करते थे आर.के.। औरतों से चिढ़ते भी नहीं थे। माँ से तो कितना-कितना लगाव था। बड़े होने पर भी माँ रात में कौर-कौर करके खिलाती। खेल-कूदकर आते और पढ़ते-पढ़ते सो जाते। कुछ माँ की मजबूरी, कुछ दुलार। जगाती नहीं, नींद में ही कौर-कौर खिलाती। यही आदत बनी रही, जब तक माँ जिन्दा रही। बहन पाँच-छह साल छोटी। उनसे कभी झगड़ा हुआ ही नहीं। खूब प्यारी दुलारी बहन। लेकिन साथ कहाँ रही।

आर.के. मैट्रिक में थे जब माँ टी.बी. से मरी। पिता ओवरसियर थे। बस पैसा कमाने की धुन में। इधर ही पोस्टिंग थी हीरापुर में। बैचलर रहते खाना पकाने के लिए दाई रखे हुए थे। माँ के मरने के एक-दो साल के बाद उसे ही सौतेली माँ बनाकर ले आए। तब तक आर.के. कॉलेज में पहुँच चुके थे। बहन ननिहाल रहने लगी थी। आर.के. ने कभी उसी साँवली-बाँस-सी लम्बी औरत को माँ नहीं माना। इस औरत ने भी तो उसे बेटा कहाँ माना? पिता ने अपना ट्रान्सफर भी गाँव वाले जिले में करवा लिया था। साथ रहना मजबूरी थी। आर.के. ने अपना कमरा दलान वाली कोठरी में आँगन से बाहर कर लिया। तब भी खाने-ऊने के समय भेंट होनी मजबूरी थी। आर. के. को देखते उनके चेहरे का रंग बदल जाता। चिड़चिड़ाने लगती। आर.के. की हर बात में गलती निकालती। पिता से रोज डाँट, मार-पीट का सिलसिला बन गया।

कितनी उमर रही होगी उस औरत की? मुश्किल से आर.के. से तीन-चार साल बड़ी। पिता से आधी उमर से भी छोटी। जो पिता माँ के सामने बिना मतलब अकड़ते रहते। सीधे मुँह बात नहीं करते। टी. बी. जैसी बीमारी को यूँ ही सर्दी-खाँसी है, कहकर टालते रहे, वही अकडू पिता इस औरत के सामने भीगी बिल्ली बने रहते। हाँ-हूँ के अलावा बेसी नहीं बोल पाते। जायज-नाजायज हर माँग पूरी करते। उसके नाम से शहर में जमीन लिया जा रहा था जिस पर तीन मंजिला मकान बनने की योजना थी। जिसमें छह फ्लैट होते, किराया उस औरत के नाम जमा होगा। शायद इसी शर्त पर शादी हुई हो।

यह सब कुछ हुआ। खूब सुन्दर-मजबूत मकान, हर महीने मुटाता बैंक खाता, सब कुछ। उस औरत के लिए सब चाक-चौबन्द, दुरुस्त। केवल पिता टूटने लगे। उन्हें लगने लगा कि फँस गए। नहीं होनी चाहिए थी यह शादी। बेटे को देखते क्यों खौंखियाती है? जवान धांगड़ को देखकर क्यों खुश हो जाती है? यह सब समझते थे। लेकिन क्या करते? बात हाथ से निकल चुकी थी।

आर. के. ग्रेजुएशन के बाद कमीशन की तैयारी में लगे ही थे कि पिता गुजर गए। घर से खर्चा-पानी उठ गया। हारकर यह नौकरी जॉइन करनी पड़ी। कहाँ आई.ए.एस., आई.पी.एस. बनने का ख्वाब, कहाँ दरोगा की नौकरी। मन बुझ गया। तब से ही औरतों से चिढ़ होने लगी। मन मर ही गया। भावुकता, वह नमी, माँ के संग ही चली गई। शादी सीनियर डी.

एस.पी. के दबाव में करना पड़ा। पुलिस अफसर की इकलौती बेटी। जनम की नकचढ़ी। बचपन से ढेर-ढेर रुपया देखने वाली। रुपए की नजर से सबको देखती। हसबैंड भी बस रुपया कमाने की मशीन। विशेष कोई मतलब नहीं। पोस्टिंग पर कभी साथ नहीं आई। मैके के पास ही फ्लैट पापा ने दिया था, वहाँ से हिली ही नहीं। अब बच्चों को भी शहर ही अच्छा लगता। मम्मी ने अपने हिसाब से ढाल लिया। परिवार का सुख, नेह-दुलार कुछ नहीं मिला आर. के. को। आर. के. भी इन चीजों को भूलता लाठी सिंह में ढल गया।

पढ़ने की आदत बनी हुई थी दरोगा लाठी सिंह की। जिस थाने में जाते वहाँ की फाइल, रजिस्टर, पूर्व का इन्सपेक्शन रिपोर्ट सब खोद-खोदकर पढ़ जाते। यूँ ही इलाके पर पकड़ नहीं बनती। किन्तु जवान की पिटाई का मामला सुलझ नहीं रहा, कोई बताने को तैयार नहीं कि कौन लोग थे? अगर नक्सली भी होते तो अब तक पता चल जाता। हर नक्सल पार्टी में इनका अपना सोर्स था। यूँ ही डिपार्टमेंट में इनकी धाक नहीं थी। लैंड माइंस इनके इलाके में बिछें और घंटा-दो घंटा में सेल फोन पर एस.एम.एस. नहीं आ जाए, ऐसा हो नहीं सकता।

अब तक जितना इनकाउंटर किए थे उनमें से कम-से-कम पचास परसेंट की मुखबिरी पार्टी के अन्दर के लोगों ने की थी। लेवी का पैसा और लम्पट तत्व वहाँ भी खलबली मचा रहे थे। यह मामला नक्सलियों का हो नहीं सकता।

आखिर थाना के चश्मल्लू मुंशी पर उनका ध्यान गया। यह मुंशी तो दसों साल से इसी थाने में कलम घिस रहा था। इससे कोई बात छिपी नहीं होगी। यह बात अब तक ध्यान में क्यों नहीं आई? वैसे प्रोटोकॉल खूब मेंटेन करते हैं लाठी सिंह। जूनियर स्टाफ-अफसर से कम-से-कम बातचीत। एक खास दूरी बनाए रखना। पूरी वर्दी में डेरे से बाहर निकलना, पूरे फोर्स के साथ फील्ड में जाना, सीनियर्स की प्रॉपर रिगार्ड एवं परसेंटेज देना—यह सब उनकी आदत में शामिल था।

मुंशी जी डेरा बुलाए गए। कई नए रहस्य खुले। रवीन्द्र बागे और उसके फुटबॉल टूर्नामेंटों का राज खुला। पुराने थाना प्रभारी के सस्पेंशन के कारणों का पता चला। डेरा की दाई की बारह-तेरह साल की बच्ची को रगड़ दिया था पुराने दरोगा ने। उसकी यह पुरानी बीमारी थी। डिपार्टमेंट पूरा वाकिफ था। पहले भी इसी बिना पर सस्पेंड हुए थे किन्तु

आदत जाती नहीं थी। खून से लथपथ बच्ची जब डेरा से गिरती-पड़ती निकली तो रवीन्द्र के संगी फुटबॉल खेलने उसी रास्ते जा रहे थे। वे बच्ची को उठाकर ब्लॉक अस्पताल ले गए। डॉक्टर डेरा से निकले ही नहीं मटिया दिए। कम्पाउंडर लोकल था। उसने ही टाँका-वाँका देकर खून रोका। तब तक रवीन्द्र पहुँच गया। ट्रक रुकवाकर बच्ची संग सीधे एस. पी. कोठी। एस.पी. साहब को सन्देह नहीं था फिर भी मुकम्मल कार्रवाई करना चाहते थे। सो पिछले दरवाजे से गाड़ी निकलकर सीधे बीस-बाईस किलोमीटर पुरनापानी थाना। थाना भी नहीं सीधे बड़ा बाबू के दरवाजे गाड़ी लगी।

घटना घटे एक घंटा से ज्यादा नहीं हुआ था। बड़ा बाबू थाना के करीबी स्टाफ के साथ मुड़ी जोड़कर रास्ता ढूँढ़ने में लगे थे। तभी बड़ा साहब धड़धड़ाते अन्दर। सब खिड़की-दरवाजे से कूदते-फाँदते भागे। साहब का बॉडीगार्ड बड़ा बाबू को तो पहचानता ही था। दौड़ाकर पकड़ लिया।

एस. पी. साहब ने खून सना बेडशीट, तौलिया, बच्ची का सलवार अखबारों में लपेटा और गिरफ्तार थाना प्रभारी के साथ वापस। ऐसा कड़ा लिखकर गए कि आज तक सस्पेंशन नहीं टूटा।

जिला मीटिंग में भी और लोगों ने मुंशी की कहानी को सही बताया। खबर देने पर पुराने बड़ा बाबू भेंटाए। मुँहमाँगा देने की बात कही अगर रवीन्द्र पर एक्शन हो तो। पच्चीस हजार तो पेशगी देकर गए। पेशगियों की तो जैसे बरसात हो गई हो। क्रेशर मालिकों ने, माइंस ऑनर, जंगल ठेकेदार, तेन्दु पत्ता के एजेंट जिसको पता चला सबने आ-आकर बंडल थमाया। अंधा क्या चाहे दो आँख।

बस कच्चा काम नहीं होना चाहिए।

लाठी सिंह ने फुल प्रूफ तैयारी की। कई देसी कट्टा, वर्दी, माओवादी साहित्य जुटाए। इतवार को रवीन्द्र बागे घर पर ही था। दो बजे रात को छापा पड़ा। फिर भी पूरा टोला जुट गया। चौकीदार को हिम्मत नहीं पड़ी घर में सब सामान रखने की। जाँच का नाटक कर वापस आना पड़ा। सारा गुस्सा चौकीदार पर उतरा।

लेकिन बकरे की अम्मा कब तक खैर मनाती? बड़ा दिन की छुट्टी तक रवीन्द्र, उसके संगी-साथी सब भूल-भुला गए। फिर गाँव आना-जाना शुरू। फुटबॉल मैच शुरू। बड़ा दिन में तो लीग मैच।

फाइनल मैच के दिन थोड़ा ज्यादा देर हो गई। अँधेरा घिरने लगा। लेकिन साथियों का गप्प खत्म नहीं हो रहा था। मैदान के उस पार हाईस्कूल के हॉस्टल-मेस से चाय आने वाली थी। रवीन्द्र-रामेश्वर सारा ग्रुप ही था। तभी एकाएक पुलिस की कई गाड़ियों ने आकर घेर लिया। छिटककर जो थोड़ा दूर बैठे थे, वे अँधेरे का फायदा उठाकर भागने में सफल रहे। रवीन्द्र-रामेश्वर के साथ और तीन लड़के धर लिये गए। थाना की ओर मुड़ने के बदले गाड़ियाँ जंगल की और बढ़ गईं।

मुश्की बँधे पाँचों लड़के अब पार्टी की वर्दी में थे। पैरों के पास कट्टा भी रखा गया था। पॉकेटों में माओ की छोटी लाल किताब। फायरिंग की आवाज के पहले ही रामेश्वर लुढ़क गया। लुढ़कता हुआ ट्रेंच में जा गिरा। बिना देरी किए जंगल के अन्दर।

इलाके में हाहाकार मच गया। जिसने उँगली उठाने की कोशिश की वही पोटा में नामजद। नक्सल के नाम पर घर में छापा। एकदम आतंक। आजा जो खटिया पर गिरे तो देह उठने लायक नहीं रही। क्या सोचकर पोते का नाम शहीद तेलंगा के नाम पर रखा, वैसी ही शहादत। वैसा ही दोषी।

कुछ महीने तक सरस्वती का कॉलेज छूट गया। खाना-पीना भी नहीं के बराबर। आजा के बाद घर में बस गूँगी माँ थी, जो और पत्थर हो चली थी। तभी खबर दी गई कि गाँव के सिवाने वाले जंगल में पार्टी दस्ता रुका है। हर घर से खाना भिजवाना है।

बहुत महीनों बाद भात राँधने बैठी। जैसे-तैसे तियन (सब्जी) राँधा। माँ जाने की स्थिति में नहीं थी। पड़ोस की काकी-चाची के साथ खाना पहुँचाने गई। अरे! ये तो दादा थे। रामेश्वर दादा। दोनों मिलकर पहले खूब रोए। पहली बार इतना खुलकर रोई सरस्वती। घर में आजा-माँ को सँभालने में अपना दुख भी भूल गई। थी आज रामेश्वर दादा को अकेले देखा। बगल में अपने दादा का जगह खाली देखी तो अजीब हूक-सी उठी। लगा कलेजा फटा। कोई बाँध टूटा। रुलाई जोर से फूट पड़ी। लड़का होकर रामेश्वर दादा भी जार-जार रो रहा था। उस दिन दोनों ने एक-दूसरे से कुछ नहीं कहा। आँसू ही सब कुछ कहते रहे। सुनते रहे। आँसुओं ने दिल की बातें समझी भी, समझाई भी।

उसके बाद धीरे-धीरे सरस्वती न केवल कॉलेज जाने लगी बल्कि खेत-बजार का भी समाचार लेना शुरू किया। बटाई पर खेतों को उठाया।

समय पर बिचड़ा, समय पर रोपाई भी हुई। कुछ गोतिया-दियाद को सुरसतिया की खेती अब खटकने लगी।

रामेश्वर दादा से अब महीना-दो महीना पर मुलाकात होने लगी। पेरवा घाघ के गुफा के मुहाने वाले चट्टान पर दोनों घंटों बतियाते। सरस्वती को लगता कि वह बस अपना दादा है। किन्तु समाज को लग रहा था कि वह गंझू है, छोटी जाति। खड़िया अपनी रक्तशुद्धता नहीं भूल सकते।

लेकिन सरस्वती मानने के लिए तैयार नहीं। वह रवीन्द्र दादा और रामेश्वर दादा में फर्क नहीं करती। उसकी देह से फिर से चम्पा गन्ध फूटने लगी। आँखें चपल और चमक भरी। चेहरे पर झरने-सा पानी छलछलाता रहता।

चाची-काकी समझाती–चम्पा फूल भरे घड़े से निकलने वाली बहन से उसके भाई ने ही शादी की थी। सो वह रामेश्वर दादा से दूर ही रहे। लेकिन रामेश्वर दादा से मिलकर, जो एहसास होता, जो अलग तरह की खुशी होती, वह बता नहीं पाती थी सरस्वती। दादा की बातें और उनकी दी हुई किताबें उसके लिए नई दुनिया खोल रही थी। कैसे समझती काकी-चाची। वह कैसे समझाती।

उन किताबों में डूबने के बाद जागते हुए सपना देखने लगी सरस्वती। कभी उसे लगता की महाश्वेता की द्रौपदी वही है, कभी उसे लगता कि वही है हजार चौरासी की माँ। कभी-कभी दादा पेरवा घाघ के सुर में सुर मिलाकर कविताओं का पाठ करते। अजीब दुनिया! नई दुनिया। किताबों की दुनिया, जमीन पर उतारने की तैयारी। धरती माँ फिर उम्मीद से थी।

अपनी ही कस्तूरी गन्ध में डूबी हिरणी को कहाँ मालूम कि गोतिया-दियाद उसकी हर बात की खबर थाना को पहुँचा रहे। बगल के गाँव का जल्लाद चौकीदार उस पर नजर रखने लगा था। यह अच्छा हुआ कि रामेश्वर दादा पार्टी की तरफ से ट्रेनिंग के लिए भेज दिया गया।

लगता है, छह-सात महीने बाद आया रामेश्वर दादा। थोड़ा उदास, खुश नहीं दिख रहा। इतने दिनों बाद मिलने का कोई उमंग नहीं। चुपचाप बैठा रहा। बहुत खोदने पर बताया कि ट्रेनिंग में नहीं जाता तो ही अच्छा रहता। कॉमरेड समरथ की बातें आँखें मूँदकर मानता आया था। आगे भी मानता रहता। कुछ पैसा मैं भी बना लेता। कलकत्ता-पटना में घर ले

लेता। क्या हर्ज था? यही ट्रेंड चल रहा है। कहाँ है दो लाइनों का संघर्ष। आलोचना-आत्मालोचना के जरिए निरन्तर कमी दूर करने का प्रयास। कहाँ राजनीतिक शिक्षा, नेतृत्व पर कार्यकर्ताओं की चौकसी। केवल केन्द्रीयता ही है। केन्द्रीय नेतृत्व का तानाशाह रवैया। समरथ जी से राजनीतिक प्रशिक्षण की बात छेड़िए तो हँसकर टाल जाएँगे। कहाँ इन ढोर-मँगरुओं को पढ़ाने के चक्कर में पड़े हैं। जो पढ़ता है वो सड़ता है। यही रटा-रटाया जवाब। अगली कतारों की आलोचना को व्यक्तिगत आलोचना समझ लिया जाता है। फिर व्यक्तिगत चरित्र हनन पर उतर आता है नेतृत्व।

लड़ाई में भी बिलकुल सैनिक दृष्टिकोण, घुमन्तू विद्रोही आचरण। छापामार इकाइयों एवं जनता के सशस्त्र दस्तों का, हथियारबन्द समूह और निहत्थे जनसमूह का जो एका होना चाहिए वह एकदम भुला दिया गया है। पी.डब्लू.जी. के साथ एका का मन बना लिया है। ऊपर के नेतृत्व ने किन्तु समरथ जी को यह बात नहीं सुहा रही।

हर स्तर के नेतृत्व के आचरण का पाखंड अब छुपा नहीं है। लेवी की इतनी आमद है कि नेतृत्व भ्रष्ट होने से बच नहीं पा रहा। जब देखिए कॉमरेड समरथ को, रूम बन्द कर नोट की गड्डियाँ गिनते मिलेंगे। कॉमरेड राजेन्द्र के कितने डम्पर-ट्रक कोयलरी में चलते हैं उसका हिसाब नहीं। दामाद सारा कारबार देखता है। कॉमरेड की बेटी की शादी में डेढ़ सौ गाड़ियाँ दरवाजे पर लगीं।

शहर की सारी गाड़ियाँ एक फोन पर हाजिर। क्या है यह सब? यही क्रान्ति है? जिसके लिए हजारों-लोग भूखे-प्यासे हथियार उठाए घूम रहे हैं। सैकड़ों शहीद हो गए। रोज हो रहे हैं। इन्हीं के टुच्चे सपनों को पूरा करने के लिए रोज गरम खून बह रहा है। बोलते-बोलते आवेश में आ गए दादा। लगा, फिर 'अँधेरे में' कविता का पाठ कर रहा है। केवल शब्द अलग थे। भाव तो वही। हूबहू वही।

कृष्णमृगी की आखिरी उड़ान

हाट में न जाने कौन सरस्वती के कानों में फुसफुसाया—नवाटोली में सतीश की बहन की शादी में आया हुआ रामेश्वर दादा। लाठी सिंह को इसकी खबर है। सरस्वती ने घूमकर भी नहीं देखा कि किसने खबर दी। सीधे

नवाटोली की डहर पर। साँझ ढलने वाली थी। सो डहर सुनसान होते उसके अन्दर की हिरणी जाग गई। हवा में उड़ती-सी अँधेरा होते-होते नवाटोली। रामेश्वर दादा हाव-भाव देखते भाँप गया। खिसक लिये दोनों। सरस्वती अपने गाँव के रास्ते, दादा पेरवा घाघ की गुफा की तरफ। लेकिन भोली मृगी को क्या मालूम कि यह तो जाल था। सरस्वती घर पहुँचने के पहले पुलिस जीप में उठा ली गई। रामेश्वर को खुद लाठी सिंह ने उसी पत्थर पर इन्काउंटर किया जिस पर दोनों ने नई दुनिया गढ़ने के सपने देखे थे।

जब से लाठी सिंह ने सरस्वती को देखा था तब से उसका मन कैसा-कैसा हो रहा था। हूबहू सौतेली माँ। नाक-नक्शा, लम्बाई-मोटाई सब कुछ वैसी ही। पहली बार छापा में जो खाली हाथ लौटना पड़ा, ठीक है चौकीदार 'सामान' घर में नहीं रख पाया लेकिन लाठी सिंह होश में रहता तो तुरन्त दूसरा उपाय ढूँढ़ता। किन्तु सौतेली माँ को वहाँ देख उसके होशो–हवास उड़ गए। फिर वह हाईस्कूल वाला लड़का हो गया। भक-भक मुँह ताकता रह गया। अब बाबूजी भी अन्दर कोठरी से निकलेंगे। अब पिटाई होगी और न जाने क्या-क्या। छोटा बाबू ने जब टहोका दिया तो होश आया। सीधे मूड़ी घुमाकर वापस। उधर ताकने की हिम्मत नहीं हो रही थी।

शुरू के दिनों स्कूल-कॉलेज जाती सरस्वती जब भी दिखती लाठी सिंह की हालत वही हो जाती–पत्थर की मूर्ति जैसी। धीरे-धीरे ही वह सामान्य हो सके। सरस्वती को सरस्वती समझने लगा सौतेली माँ नहीं। तभी अचानक लगा कि उसके मन में सौतेली माँ के लिए केवल भय नहीं, अपार घृणा भी है। क्यों नहीं उस समय कुचल सका। एक दिन जोर से डपटता अपनी औकात में आ जाती वह औरत। उसी के कारण उसे और उसकी बहन को घर रहते बेघर होना पड़ा, पिता के रहते टूअर होना पड़ा। सारी जमीन-जायदाद, खानदान की इज्जत-प्रतिष्ठा सब पर ग्रहण बनकर आई थी वह औरत। बहन की शादी मामा लोगों को करनी पड़ी। पिता के जाने के बाद तो चुटकी भर नमक भी नहीं देने का संकल्प कर लिया था। उसी धांगड़ को रख लिया था डाइन ने। कुचल क्यों नहीं सका उस नागिन को। बहुत प्रायश्चित्त में डूब जाते लाठी सिंह।

आज पकड़ में आई थी नागिन। डायरी-वायरी, हाजत-वाजत बाद में। पहले पीछे के खाली क्वार्टर में ले चलो। सुनसान क्वार्टर में पहुँचते

पहले सरस्वती के मुँह में कपड़ा ठूँसा गया फिर दोहत्थे लाठी से पिटाई शुरू। खुद लाठी सिंह लाठी चला रहा था। लाठी चलाते-चलाते कब उसकी देह को रौंदने लगा इसका होश नहीं। सर पर लाठी लगने से बेहोश-सी हो गई थी। घने अँधेरे में सारे पुलिसिए भूत-प्रेत-राकस से ही लग रहे थे।

जब तक होश रहा गुहारती रही। बेड़ो-सुरुज भगवान, पितर-पूर्वज सब देवताधन को गुहारा। कोई नहीं सुन रहा। रानी-राजकुमारियों के गुहारने पर ही शायद भगवान सुनते रहे हों। सरस्वती के शरीर को नाली बना दिया। लाठी सिंह कब उठा? खिसका? कौन ध्यान दे? वहाँ तो सारा थाना लाइन लगाए खड़ा।

सरस्वती को लगा उसे अजगर निगल रहा है। अनगिन मुँह वाला अजगर। उतना ही लिजलिजा, उतना ही घिनौना, दुर्गन्ध भरा। कथाओं में निगलते अजगर से बचने के लिए बहिन गुहारती तो सात भाई तीर-धनुष लेकर आ जाते। यहाँ रोम-रोम गुहार रहा। संग-संग हवा गुहार रही। पत्तियाँ-पेड़-पौधे गुहार रहे किन्तु कोई नहीं आ रहा।

दरअसल रवीन्द्र और उसके साथियों के मारे जाने के बाद इलाके की कमर टूट गई थी। बची-खुची ताकत पोटा में नामजदगी, एफ.आई.आर. और गिरफ्तारियों ने तोड़ दी। जवानी इलाके से गायब थी। वैसे भी उस ढलती रात और सुनसान-भुतहा क्वार्टर की ओर कौन जाता? दिन में भी उस ओर कोई जाता नहीं था।

भेड़ियों ने काली हिरणी के मांस झँझोर-झँझोर कर खाए। हड्डियाँ भी नहीं छोड़ीं। कमर के पास की कोई हड्डी टूटी थी। दूसरे दिन धूप लगने पर जब सरस्वती को होश आया तो पैर हिला नहीं पा रही थी। हाजत में थी। साड़ी-वाड़ी देह पर लपेटा हुआ था। काफी भीड़-भाड़ लग रही थी। दूर से ही उसके फोटो उतारे जा रहे थे। टी.बी. कैमरे भी दिख रहे थे। लाठी सिंह कहीं दिख नहीं रहा, छोटा बाबू ही चहक-चहक इस दुर्दान्त लेडी नक्सलाइट के किस्से सुना रहा था। पार्टी के कौन-कौन से एक्शन इस एतवारी खड़िया के नेतृत्व में हुए उसका विशद वर्णन। कहाँ इसने लैंड माइंस बिछाकर पुलिस की गाड़ी उड़ाई, कहाँ बैंक को लूटा, कहाँ रोड के ठेकेदारों को बंधक बनाया सारा केस मुँह-जबानी याद। इतनी भयावह तस्वीर कि दर्शकों को झुरझुरी छूट जाए। भोर का अखबार उलटे तो चाय का प्याला छलछला जाए। तेज चैनलों के संवाददाताओं की आवाज और

बयान-बखान में छोटा बाबू से दस-बीस गुना ज्यादा भयावहता- ज्यादा सनसनी।

एकाध घंटे बाद मुँह लटकाए आया लाठी सिंह। न जाने क्या हुआ धीरे-धीरे थाना खाली। छोटा बाबू को भारी फटकार। खैर! जो होना था सो हो चुका। रामेश्वर की लाश पोस्टमार्टम के लिए ट्रैक्टर से भेजी गई थी। छोटा बाबू को भी पीछे से रवाना किया गया।

योजना के उलट सरस्वती पर आठ-दस केस नहीं लादे गए। हाँ, पोटा लगाया गया। नक्सली रामेश्वर के साथ सम्पर्क, पनाह और खाना-पानी देने का आरोप। उसे भी दस बजते-बजते कोर्ट के लिए रवाना। लाठी सिंह फिर अपने क्वाटर में।

जेलर गुप्ता उत्तेजना में। इतनी दुर्दान्त नक्सलाइट उसके जेल में। छोटा बाबू की चहक ने रंग दिखाया था। सारे अखबारों के मुखपृष्ठ एतवारी खड़िया के फोटो और कारनामों से भरे थे। तेज चैनल तो रात से ही लगातार प्रसारण कर रहे थे। जेलर साहब को अजीब सनसनी हो रही थी। एक थ्रिल। तुरन्त जेल का राउंड लिया। महिला वार्ड का खासकर। सुरक्षा का जायजा लेना जरूरी।

जेलर गुप्ता बाबा श्यामदेव के परम भक्त। बाबा के योगासनों के सारे सी.डी, सारी किताबें उनके पास। आश्रम की पत्रिकाओं के नियमित पाठक। सबेरे का दो घंटा आसन-प्राणायाम में बिताते। शहद के साथ बाबा के कामशक्ति चूरन और पुत्रवती आसव का पान करते तब जाकर सूखे मेवों को हाथ लगाते। किन्तु पत्नी महीने में बीस दिन राजधानी के फ्लैट में बच्चों के पास रहती। बच्चों की पढ़ाई के लिए यही सही व्यवस्था थी।

लेकिन बाबा के आसनों-दवाओं का असर तो होना था। सो जेल का महिला वार्ड की गोद हरी-भरी हो गई। वहाँ बच्चों की किलकारियाँ गूँजने लगीं। जिन महिलाओं के फूल सूख गए थे आश्चर्य कि उनके भी गोद हरे हो गए। यह प्रसिद्धि इतनी बढ़ी की महिला वार्ड के बाहरी दीवार के पास शहर की महिलाएँ हर सोमवार पूजा करने आने लगीं। धीरे-धीरे सिन्दूर से पोते हुए कई पत्थर वहाँ शोभने लगे। देखते-देखते छोटी-सी मन्दिरी शिव भगवान की वहाँ शोभने लगी। बाजाब्ता सोमवार को वहाँ पंडित बैठने लगा। प्रसाद, पत्र-पुष्प चढ़ने लगा।

गम्भीरता से भक्ति में डूबी भक्तिनों को भुईंफोड़ महादेव का पता गुप्त तरीकों से बताया जाता। असली महादेव वही थे। जेलर साहब के बेडरूम

में ईशान कोण वाले कोने में। भक्तिनें गुप्त रूप से वहाँ पहुँचाई जातीं। उनकी गोद हरी भी होती। बाबा श्यामदेव और महादेव बाबा की महिमा तो अपरम्पार थी।

जेलर गुप्ता मरणासन्न पड़ी एतवारी खड़िया को भी देखकर बौराने लगे। डॉक्टर हाजिर करवाए गए। डॉक्टर ने हाथ खड़े कर दिए। बिना एक्सरे के कुछ कह नहीं सकता। जाँच से लग रहा है कि कमर के पास की रीढ़ की हड्डी में फ्रैक्चर है। छोटी-सी हड्डी मुड़कर नर्व्स को दबा रही है। प्रापर इलाज नहीं हुआ तो पैरालाइसिस की संभावना है।

लेकिन जेलर गुप्ता दो-चार दिनों से ज्यादा बर्दाश्त करने की स्थिति में नहीं था। बीवी भी छुट्टियों में बच्चो के संग आने वाली थी। इस इलाके में आके काली मृगी का शिकार नहीं किया, काली शीशम का फर्नीचर नहीं बनवाया तो जनम अकारथ।

लगातार धमकियों से डॉक्टर टूट गया। नौकरी तो करनी थी। ऐसे सारे लोगों की एक ही आदत। कमर के पास लोकल एन्सिथिसिया देकर काली मृगी का मांस तैयार हुआ। फिर से भूखे भेड़िए ने जी भरकर झिंझोरा। हालत सीमा के बाहर चली गई। लकवा ने पूरी ताकत से हिरणी पर आक्रमण किया। मरे हुए पर ही सब ताकत दिखा रहे थे।

सरस्वती को शुरू में लगता रहा कि घिनौना-लिजलिजा अजगर केवल उसे ही कुंडली में लपेटे हुए। किन्तु कुछ ही हफ्तों में यह एहसास हुआ कि केवल वह ही नहीं पूरी स्त्री जाति इस अजगर के गुंजलक में पिस रही है। धीरे-धीरे होश सँभला। पढ़ा हुआ याद आने लगा तो यह लगा कि हजारों मुँह वाले इस अजगर ने पूरी पृथ्वी को, पूरी प्रकृति को अपने गुंजलक में लपेट रखा है। धीरे-धीरे उसे निगलता जा रहा है, कहीं कोई बचाने वाला नहीं।

बिल्ली के गले में घंटी कौन बाँधे?

अखिल भारतीय पोटा हटाओ मंच के सारे पदाधिकारी गद्गद थे। उनकी तथ्य-अन्वेषी समिति की रिपोर्ट पर सरकार सक्रिय हुई थी। गृह सचिव ने पूरी गम्भीरता से उस पर अमल किया था। सरकार ने माना था कि गलतियाँ हुई थीं। गिरफ्तार लोगों में से अधिकांश पोटा की धाराओं के अनुरूप अपराधी नहीं थे। उन पर पोटा हटाने का निर्देश भेजा गया था। अब जमानतें मिलने लगी थीं।

कमर से नीचे एकदम सूनापन लिये अपंग सरस्वती घर वापस आ गई। जर्जर-ठठरी। आजा उसकी गैरहाजिरी में जैसे-तैसे घर-बार सँभाल रहे थे।

मंच वालों ने मुक्त हुए साथियों और उनके अभिभावकों को सम्मानित करने राजधानी बुलाया था। आजा ही गए थे। सरस्वती अर्द्धनिद्रा में खाट पर लेटी रहती। माँ तरह-तरह के तेल मलती रहती। पत्तियों का रस गरम कर लगाती। तरह-तरह की जड़ी बाँधती। लेकिन लकवा हटने का नाम नहीं ले रहा। सोच से अजगर की कुंडली भी नहीं हट रही। देह से दुर्गन्ध आती रहती। अजगर की आँत में सड़ते मांस की दुर्गन्ध।

आजा को मन के अन्दर का गुस्सा राजधानी ले गया था। सोचे थे कि पढ़े-लिखे लोग हैं, निर्दोष बच्चे-बच्चियों पर अत्याचार करने वालों के खिलाफ कुछ करेंगे। लाठी सिंह के खिलाफ क्यों नहीं कुछ होना चाहिए? हीरा जैसा पोता, सोने जैसी पोती खा गया वह राकस। लेकिन वहाँ चादर-माला के सिवा और कुछ हाथ नहीं आया। क्या तो सरकार को दर्खास्त दिए हैं कि इन पुलिस अधिकारियों पर कार्रवाई की जाए। आजा ने कम दुनिया थोड़े देखी है क्यों कार्रवाई करेगी सरकार। उसको क्या पड़ी है? उसका घर थोड़े उजड़ा है, घर तो इन शहरी बाबू लोगों का भी नहीं उजड़ा था। ये लोग उनका दर्द क्या जानें? जी उचट गया। आजा वापस चल दिए।

घर पर खटोली पर लेटी सरस्वती के जिम्मे सूखती बड़ियों की निगरानी का भार देकर माँ खलिहान की ओर निकल गई। दौनी-ओसौनी चल रही थी।

लेटे-लेटे सरस्वती की आँखें लग गईं। ढेर सारे कौओं की फड़फड़ाहट से उसकी नींद खुली। देखा सूखती बड़ियों पर लुझते कौए बिना उसके हँकाय, उड़ रहे थे। किसने हँकाया? चिन्ता में पड़ गई सरस्वती। अभी सोच ही रही थी कि आजा थके-माँदे आते दिखे। आते पास के खटिया पर अधलेट गए। काँधे की नई चादर को एक कोने में फेंका। हाल समाचार लेने के पहले बिना हँकाए उड़ते कौओं के बारे में पूछा। यह कैसे हुआ उनकी दिमाग में नहीं अट रहा। आजा ने ठीक समझाया वहाँ राजधानी में बाबुओं ने भाषण-राशन पर तालियाँ बजाई होंगी। पशु-पंछी ज्यादा संवेदनशील होते हैं उन्ही तालियों की गड़गड़ाहट से कौए भागे होंगे। लेकिन यूँ ही बेमतलब वे लोग तालियाँ बजाते रहे तो कुछ दिनों के बाद कौए भी नहीं भागने वाले।

गहरी निराशा में थे आजा। उठकर अन्दर लेटने चले गए। निराशा में डूब गई सरस्वती भी। भर पृथ्वी लपेटे अजगर का अन्त कैसे हो? काश! वह काट पाती अजगर की कुंडली। तभी उसे लगा कि उनके सूने पैरों में हरकत हो रही है। पैर तना में बदलने लगे। उँगलियाँ जड़ों में तब्दील हो भूमि में समाने लगीं। देखते-देखते सरस्वती एक छतनार गाछ में बदल गई। चम्पा फूल के घने गाछ में। अब उसकी टहनियों से हजार-लाख धनुष बनने थे। हजार-लाख माँदर। इन्ही माँदरों पर युद्धनाद बजना था... जाने कब...जाने कौन?

('नया ज्ञानोदय' जून, 2007)

बारिश में भीगती गौरैया

"...नहीं!"

"एकदम नहीं...हाईस्कूल कैसे ज्वाइन कर सकती हैं...घर में बच्चों की देखभाल...गुड़िया छह साल की भी नहीं हुई...पम्मी ढाई-तीन की...किसके भरोसे... ।"

गौरैया सर झुकाए बारिश में भीग रही। भीतर हो रही बारिश से कैसे बचे?

"...कोई निर्णय लेने से पहले बैठकर विमर्श क्यों नहीं करतीं?... आपकी बड़ी माँ ठीक कहती थीं–'भीतरघुन्नी है...बहुत जिद्दी'..."

...पानी पंखों से रिस रहा...थरथरा रही थी गौरैया...

"...कौन-कौन सी जिद मानी जाए।...पहले पढ़ाई जारी रखने की जिद...प्राइवेट ही सही, इंटर से एम.ए. तक पढ़ाई करवाई...इससे ज्यादा कोई और क्या करता..."

...ठंड से कँपकँपा रही गौरैया...ठंड अन्दर...अन्तर तक...

"...आपने मुहल्ले-कस्बे की बच्चियों को सिलाई-कढ़ाई सिखाने की शुरुआत की, हमने कभी मना किया, नहीं न...अब कितनी जिद मनवाएँगी...?"

"...रोज दस से पाँच घर से बाहर रहने का मतलब समझती हैं...घर की सारी व्यवस्था चौपट हो जाएगी...बच्चे टुअर हो जाएँगे...दुनिया के बच्चों की चिन्ता हो रही है...अपने बच्चों का क्या होगा, वह समझ में ही नहीं आ रहा...घर बर्बाद करने पर तुली है यह औरत... ।"

...और न जाने क्या-क्या...

मूसलाधार बारिश जारी थी...

तेरह साल के बेटे की टी शर्ट से चिपका जॉन ट्रॉवेल्टा उचका। समझाने लगा–

"...माँ! तुझे नहीं मालूम बाहर आती-जाती औरतों को क्या-क्या बोलते हैं...गन्दी-गन्दी बात...बहुत गन्दे लोग हैं...बहुत गन्दी जगह है ये...बहुत छोटी...तुम्हारा रोज बाहर निकलना अच्छा नहीं..."

केवल 'ना...नहीं'...

बुरी तरह भीगी थी गौरैया, ठंड हड्डियों तक...

शाम होते-होते बुखार में डूबी श्रीमती साधना प्रसाद ('श्रीमती' और 'प्रसाद' साधना पर बहुत भारी) तपती देह। तपता माथा। सोच में भी ताप। 'ना', 'नहीं' की बारिश में युगों-युगों से भीगती आ रही। भीगना ही नियति। भीगती ही रहेगी। कब से हो रही थी बारिश।

जब से होश सँभाला तब से 'ना', 'नहीं'।

शायद बाबू जी के गुजरने के बाद या भैया के बड़े पिता जी से न पटने के कारण लुधियाना शिफ्ट करने के बाद। हाँ! उसके बाद ही नई बड़ी माँ का रूप बदल गया। नई बड़ी माँ बड़े पिता जी की दूसरी पत्नी। माँ से उम्र में बहुत छोटी किन्तु धौंस में बहुत बड़ी। भैया के जाते ही मादा बाज बाजिन में बदल गई। वह और माँ मानो गौरैया। पहली बार गौरैया होने का एहसास। जब जबरन दूसरी मंजिल में पिछवाड़े वाली पोखरे के सामने वाली कोठरी खाली करवा ली गई।

जब बाबूजी थे सब कितना प्यारा था। हरे पानीवाले पोखरे की नन्ही-नन्ही लहरें। गौशाला में कुलाँचे भरते छौने। गरमियों में बगीची-पोखरे से ठंडक ढोकर लाती हवा खिड़कियों के पास आते-आते रेशमी पर्दे की चाँदी की नन्ही घंटियों से टकरा जाती या शायद उनकी ओढ़नी फँस जाया करती और पूरा कमरा रुनझुन-रुनझुन करता ठंडक से भर जाता।

बाबूजी गए, सब कुछ बदल गया। हरा पोखरा न जाने क्यों स्लेटी-कलछौंह दिखने लगा। मानो रातोरात राख घुल गई हो। नन्ही लहरें भी गुम। माँ ने न जाने कब खिड़कियों से पर्दे उतार दिए। चाँदी की घंटियों की आवाजें बर्दाश्त नहीं होती थीं। खिड़कियाँ भी सदा के लिए बन्द। मजूरनी हवा काँधे पर ठंडक लादे आती। खिड़कियों पर थाप देती, मायूस लौट जाती। शायद, बाद में आना ही छोड़ दिया।

मंजिल की अगली छोर पर सड़क की ओर खुलने वाली खिड़कियों वाला कमरा हमें मिला। सड़क का सारा शोरगुल, चिल्ल-पों बिना पूछे हमारे कमरे में धड़धड़ाकर घुस आते, मानो वह हमारा कमरा न हो बाजार का फुटपाथ हो। हवा इतनी नालायक कि बिना पैर पोंछे सारा धूल-गर्द यहीं

झाड़ जाती। गरमियों की दोपहर में दिखती इसकी शैतानी, जरा-सी खिड़की खुली रह जाती तो एक टोकरी गर्द हमारे कमरे में पटक जाती, बदमाश हवा।

माँ तो इस कमरे में आकर बदहवास हो गई। ऐसे ही मन के शोर से परेशान, ऊपर से बाजार की चिल्ल-पों उसे पागल करने लगी। लेकिन दुखों को तो किस्तवार आना था। बाबू के जाने के जख्म अभी भरे भी नहीं थे कि भैया के शहर छोड़ने ने उसे और खरोंच दिया।

माँ की हैसियत धीरे-धीरे घर की दाई की हो गई। नई बड़ी माँ–बाजिन–को अब किसी का लिहाज नहीं रहा। माँ की आँखें आँसुओं के मश्कों से भरी। आठों पहर पलकों पर सवार, कोरों में छुपी, पपनियों से लटकी। कब मौका मिले कि मश्कों का मुँह खोल दे। रात और माँ का सुबकना एक-दूसरे का पर्याय। रात हुई, माँ का सुबकना सुनाई दे जाता और माँ सुबक रही हों तो रात जरूर हुई होगी।

उस दिन हद हो गई। बुआ ने बातों ही बातों में बाजिन को माँ के गहनों के बारे में बता दिया। उसे तो बस कानों तक खबर पहुँचानी थी और तमाशा देखना था। जनम की चुगलखोर-ईर्ष्याजली। बाजिन ने हठ ठान ली, देखकर ही रहेगी। माँ के पास गहने ही कहाँ बचे थे? अधिकांश तो बहू को पहना दिए। बचे गहनों में बस जड़ाऊ कंगन और हार, सोने की चूड़ियाँ-अँगूठियाँ बस। हार-कंगन देखते बाजिन के चेहरे के रंग बदल गए। आँखों की पुतलियाँ फैल गईं। लगा कि नशे में हों। हाथों में ले सहलाने लगी, आप विधवा हैं, गहनों का क्या करेंगी? आवाज में बड़ी मिठास किन्तु आँखों में जो था, उसे बस महसूसा जा सकता था जैसे गाय महसूसती है कसाई की आँखों में।

माँ गिड़गिड़ाती रही। बेटी को ब्याह में देने को रखा है। नहीं मानी। फिर 'न'-'नहीं' की बारिश।

खानदानी गहने हैं, खानदान में ही रहने चाहिए। बेटी के लिए नये गढ़वाए जा सकते हैं। जबरन आँचल में खूँट ली। बुआ मुँह में आँचल डाल फिस्स-फिस्स कर हँसती रही। मेरे अन्दर की आग बाहर आने को बेताब। आँखों की धाँह बाजिन तक पहुँची। मेरे बढ़े हाथों को जोर से झटकती तेजी से निकल गई।

बाजिन के 'नहीं' को नकारने की कोशिश गौरैया करे, तो सजा मिलना लाजिमी। फरमान। जवान-जहान बेटियाँ घर से बाहर नहीं निकला

करतीं। (पिद्दी गौरैया अपनी औकात में रहो) स्कूल से नाम कटवाया गया। स्कूल क्या छूटा सखी-सहेलरी, सिनेमा-नाटक सब छूट गए। प्राइवेट से मैट्रिक की परीक्षा। नोट्स के बहाने भी सहेलियों की आमद-रफ्त पर पाबन्दी। परीक्षा बीतते ही शादी की घोषणा। पन्द्रह की उम्र में शादी? अभी तो रिजल्ट भी नहीं आए थे। लेकिन विरोध किसके भरोसे? बड़े पिता जी बाजिन की पलकों के इशारों पर उठते-बैठते। माँ थीं, नहीं थीं, माँ को भी पता नहीं। ज्यादा समय पूजा घर में, बिताती, साथ में बाबूजी भी माला जपते दिखते हैं। मुँह अँधेरे सरयू जी के रास्ते दियर के सुनसान में साथ-साथ चलते। माँ थीं, हो कर भी नहीं थीं। भैया भी थे लेकिन मेरे लिए...मालूम नहीं। चिट्ठी लिखी। पोस्टबॉक्स में कौन डाले? बाजिन के शासन में हवा भी सहम-सहम कर बहती। माँ ने लिया तो सरयू में बहा आई—कहती, 'भैया को जरूर मिलेगा, बाबूजी पहुँचा आएँगे।'

सो बाजिन की इच्छानुसार विवाह निपट गया।

सुना ग्यारह साल बड़े हैं। प्रोफेसर हैं। चेहरा देखा तो हूबहू के.एन. सिंह। देवानन्द—राजकपूर की फिल्मों वाला। खलनायक। बाजिन ने चुना भी तो अपने जैसा। हाँ। ठीक है, नाम के. एन. सिंह नहीं डॉ. के.एन. प्रसाद। किन्तु धजा तो वैसी ही। वैसा ही सूट-बूट, केवल मुँह में पाइप नहीं।

आ गई इस कस्बे में। जिसके चारों ओर पसरे खेतों के आलू और गलियों में बिखरे गोदामों में लपेटी जाती बीड़ियाँ प्रदेश-प्रसिद्ध थीं।

अपने में डूबे, चुप्पा किस्म के लोग से पहली मुलाकात। मुझे तो बाबू जी जैसे खिलंदड़ या भैया जैसे हँसोड़ लोग पसन्द थे। कहाँ यह किताबों में डूबा शख्स कौन था—कैसा था, जान नहीं पा रही।

निगाहें, नाक सब बाज जैसे ही दिखे। 'उस' बाजिन की तरह इसके मुँह में भी बस 'न', 'नहीं'।

'...देवानन्द की फिल्म लगी है—'बाजी'...देखनी है...'

...'नहीं'...'

...'राजकपूर की 'आवारा' तो देखनी ही है...'

'...नहीं...'

'...साधना कट बाल कटवाने हैं...'

'...नहीं...'

'...गरमी की छुट्टियों में मैके जाना है...'

'...नहीं...'

'ना', 'नहीं'' की हलकी फुहारों की आदत-सी हो गई। समय बीतता जा रहा था। बच्चे बड़े हो रहे थे।

मुहल्ले में बीड़ी मजदूरों के ढेरों घर। पेट भरने का सुलभ धन्धा। औरत-मर्द सब बीड़ी लपेटने में। मर्द गोदामों में। औरतें अकेली कोठरी में सिर झुकाए या पड़ोसिनों के साथ चबूतरे, बरामदे में। जुबान और उँगलियाँ एक साथ गतिशील। लेकिन तम्बाकू-गर्द के धीमे जहर के साथ और भी कई-कई चीजें गतिशील। आँत, फेफड़ा, गला, नाक सबों पर आहिस्ता-आहिस्ता असर। टी.बी. कस्बे में महामारी-सी।

गली की चौथी कोठरी वाले एतवारी बूढ़े की टी.बी. अन्तिम स्टेज में। खाँसते-खखारते-थूकते, लाल-लोहित कफ की बौछार। बेटे-बहू बाल-बच्चे सहित लापता। साधना ने सुबह-शाम थाली भिजवानी शुरू कर दी।

पता तो लगना ही था। फिर 'ना', 'नहीं' की घनघोर। यक्ष्मा रोग, उसके छूत पर पूरा लेक्चर। गर्जन-तर्जन के साथ। फिर गौरैया थरथराती हुई।

यह 'ना', 'नहीं' की बारिश थी या ऊब, नहीं मालूम। एक मकड़ी थी जो बड़े मनोयोग से गौरैया के मन के कोने-अँतरों में अपना जाला बुन रही थी। कोनों से शुरुआत करके मन के सारे कमरों को जालों से भर दिया। समय के झाड़ूकश ने उन जालों को समेट, आँखों की राह फेंकने की कोशिश की, वे चेहरे से चिपकने लगे। मकड़ी बड़ी मायाविनी। कई-कई रूप बदलती। आज बुखार, कल सर्दी...सिरदर्द।

शायद डॉक्टर ने चेताया या स्वयं चेते, मालूम नहीं। श्रीमती साधना प्रसाद की पढ़ाई फिर से शुरू। और दिन में बारह से तीन मुहल्ले की किशोरियों-युवतियों को कढ़ाई-बुनाई सिखाने का पसन्दीदा काम। कुछ ही दिनों में दूर मुहल्ले से भी लड़कियाँ आने लगीं। चुप्पी की तो हवा निकल गई। सारा घर मधुमक्खी का छत्ता बन जाता। इतनी नई-नई बातें। जिन्दगी के ढेर पन्ने सामने फड़फड़ाते। लगा, एक साथ दसों दिशाओं की खिड़कियाँ खुली हों।

के.एन. सिंह अब के.एन. प्रसाद में ढलने लगे। चश्मे के पीछे केवल बाज नहीं, कभी-कभी मासूम कबूतर भी दिखता।

इतिहास के व्याख्याता के. एन., साधना के बाबूजी को साधना से ज्यादा जानते थे। बाबूजी की शहादत की आभा। अभिभूत के. एन.। केवल पोलो मैच के फाइनल में हारने के डर से षड्यंत्र नहीं रचा गया। पुलिस पोलो

टीम के कप्तान, अंग्रेज ए.एस.पी. का फाइनल मैच के एक दिन पहले घर पर चाय पीने के बहाने आना और उसकी बग्घी के साईस का, घर के साईस बेचन काका से खुसुर-फुसर केवल संयोग नहीं था।

बाबूजी का नियमित सरयू नहाने दियर होते पैदल जाना। लौटते, बिन्द टोली में हरी सब्जी के बहाने रुकना। शाम को शहर से दस कोस पश्चिम अपने आम के बागान में घुड़सवारी करते जाना, विशेष प्रयोजन से हो रहा था।

हो सकता है? शुरू में स्कूल-कॉलेज में साथ पढ़े इन्कलाबी साथियों के नेह-छोह में करते रहे हों, बाद में खूब रुचि लेने लगे। दियर के मीलों पसरे अरहर के खेतों के बीच बिन्द टोली में और आम-बागान में तुरहा बन कर इन्कलाबी साथी रहा करते। इनके सन्देशवाहक का काम, धन जुगाड़ने का काम बाबूजी सहज रूप से करने लगे थे।

हर आदमी के दस दोस्त तो दो दुश्मन। दूसरे विश्वयुद्ध में लक्ष्मी की हुई बढ़ोत्तरी से ऐसे ही लोग जले-भुने। व्यापार भी अपने पूरे उठान पर। रेलवे वैगनों से माल आता। हफ्ता-दस दिन में खप जाता।

जलन ने अपना काम किया। सी.आई.डी. रिपोर्ट ने मुहर लगाई। ऐसी चाल चली गई कि कानोकान खबर नहीं। घर के साईस बेचन ने उतने प्यारे घोड़े के साथ क्या किया? पूँछ के नीचे क्या लगा दिया? फाइनल मैच शुरू होते ही बीच मैदान से मालिक को ले भागा। फिर तो लाश ही दरवाजे पर आई। किसी मोटी टहनी से सर टकराया था।

ऐसे पिता की बेटी। साधना का मन गर्व से भरा-भरा। दस लोगों से जुड़ना यूँ ही नहीं सुहाता। खून में कुछ दौड़ता है। एक खुशबू, दूर से आती-सी।

खिड़कियाँ अगर खुली रहीं तो गरम हवाएँ भी आती हैं। चिड़ियों-सी चहचहाने वाली लड़कियों में कोई उदास होती तो झट पता चल जाता। धीरे-धीरे कस्बे में भूत से लोटते टी.बी. बैक्टीरिया की नित नई डरावनी कहानियाँ सुनाई पड़ने लगीं।

भूरा-पीला तम्बाकू और उसका गर्द उस भूत के डेरे। इस भूत के भी कई संगी-साथी। कई-कई विषाणु। गला, स्नायु, मसूड़ा, आँत सब पर मीठे जहर-सा असर करने वाले।

सबका बाप, माइकोबैक्टेरियम ट्यूबरक्युलोसिस। थूक, छींक, खाँसी, साँस-वाँस सबके सहारे उड़ने को तैयार। जिस देह को घर बनाया उसके

सहारे बीस नई देह में। पूरा कस्बा टी.बी. के ऐसे हड़ियल चलते-फिरते इश्तहारों से भरा हुआ। पीले चेहरे, पिचके गाल, धँसी छाती, उचककर झाँकती पसलियाँ। हैंगर की तरह टँगे रंगीन-चमकीले कपड़े।

कहते हैं कि कस्बे का जय किसान कोल्ड स्टोरेज सड़े-गले, कच्चे-पक्के आलुओं से भरा रहता और जय जवान सिनेमा हॉल इन हड़ियल बीड़ी वर्करों से।

लेकिन बैजयन्तीमाला, मधुबाला, शर्मिला टैगोर, वहीदा रहमान की अदाओं पर जब हॉल में सीटियाँ बजतीं, सिसकारी भरी जाती, सीट उछाले जाते तो टी.बी. बैक्टीरिया भी घबड़ा जाता। एक पल के लिए सही, हार मान लेता। जिन्दगी लमहों में जीत महसूसती।

जय जवान सिनेमा हॉल से निकलने के पहले हर बीड़ी कामगार एक काम बड़े चुपके से करता। पलकों की कोर से मनपसन्द हीरोइन के चेहरे की पँखुड़ी तोड़ लेता। चाँद की दूधिया नदी में उस पँखुड़ी को हौले-हौले धोता। भीगी पुरनम पँखुड़ी को अपनी बीवी के चेहरे पर चस्पाँ कर देता, और चुपक-चुपके उस पँखुड़ी और चाँद के दूध का जादू असर करने लगता। अँधेरी कोठरी सुगन्ध से गमगम करने लगती। मधुबाला-वहीदा हौले-हौले आसमान से जमीं पर उतर आतीं। बाँसुरी की धुन सा जादू ऊपर और ऊपर चढ़ता जाता। झोलँगा खाट कदम्ब वृक्ष-सा तन जाता। बाँहें झूला बन जातीं, जिस पर राधा-किशन सातों आसमान तक पेंगे भरते। प्रकृति झूम-झूमकर रास रचाती। समय, सुहागिन, सुकुमार-सुकोमल, भावों-अनुभावों, मान-मनुहारों से बँधकर-बाँधकर पायल झनकाती, चूड़ी खनकाती ठिठकी रह जाती। रातरानी की मत्त-मातल खुशबू दसो दिगन्त में फैल जाती। इन दमकते-महकते लमहों में जिन्दगी मद्धिम-मद्धिम धड़कती रहती। हैरत में डूबा बैक्टीरिया वहीं कोने में पड़ा हाँफता रहता।

लेकिन टी.बी. बैक्टीरिया भी कम दुर्धर्ष नहीं। इन नन्हे-नाजुक लमहों की मार से क्या घबड़ाए! पूरी दुनिया में हर साल बीस-बीस लाख लोगों को निगलने वाला यह तेलिया मसान का लंगटा भूत क्या डरे और क्या डराए? सो सुबह-सबेरे रक्त-सने कफ से लिसड़ा हुआ वही आसमान, वही पीले-लटके चेहरे वाला सूरज, वही तम्बाकू गर्द से सनी डाइन हवा।

समय ढुलकता रहा। साधना ने प्राइवेट ही सही डिग्रियाँ हासिल कर लीं। लेकिन वही चौखट के भीतर का एकरस जीवन। वही चूल्हा-चौका,

बच्चे-कच्चे, काँव-कीच। सब बासी। गन्धाता हुआ। तभी अजय आए। अजय, के.एन. के कॉलेज के प्रथम बैच के टॉपर। यूनिवर्सिटी में भी अच्छा किया। श्रीमती प्रसाद की बी.ए. ऑनर्स और एम. ए. की तैयारी में बहुत मदद की। कृतज्ञता का ढेर सारा भार।

अजय के पिता भी बीड़ी मजदूर थे। टी.बी. से ही गुजरे। अब अजय की कोई नौकरी की इच्छा नहीं। बीड़ी वर्करों की लड़ाई लड़ेंगे। बस 'सर' का साथ चाहिए। डॉ. के.एन. प्रसाद ने बड़ी तैयारी की। कौटिल्य के अर्थशास्त्र से उद्धरण। श्रमिकों और श्रमिक-संघों के क्या-क्या अधिकार थे। श्रमिक-संघों के साथ अनुबन्ध की शर्तें...। कुशल शिल्पियों का वेतन विद्वतजनों-आचार्यों से भी ज्यादा। बुनकरों के सम्मान में राजकर्मी सुगन्ध-पुष्पमालाओं की व्यवस्था रखते आदि...आदि। प्राचीन भारत में श्रमिकों को कितनी-कितनी सुविधाएँ...। लेकिन बीड़ी वर्कर ध्यान ही नहीं दे रहे। बीड़ी लपेटने में मगन। कभी-कभी कोई सर उठाकर एक झलक देखता फिर वही लपेट।

पहले ही बीड़ी गोदाम के हॉल में अलग से बैठने की व्यवस्था नहीं पाकर मूड उखड़ गया। अजय तो साथियों के संग वहीं फर्श पर बैठ गया। वे पतलून में नीचे बैठने को सोच भी नहीं सकते। खैर! हड़बड़ाकर अजय ने ही मैनेजर के कमरे से जाकर एक टीन की कुर्सी लाई। कुर्सी ऐसी कि अगर विभाग में 'सर' देख लेते तो ऊपर से ही फिंकवा देते। लेकिन मजबूरी। रूमाल बिछाकर उसी टुटही कुर्सी पर बैठे।

सबेरे उठकर दो-तीन घंटे मेहनत की थी। नोट्स बनाए थे। यहाँ कोई ध्यान ही नहीं दे रहा। बीड़ी ही लपेटते रहना था तो बुलाया क्यों?...न जाने अजय ने लाकर कहाँ फँसा दिया?...गुस्सा बढ़ता जा रहा।..बात जल्दी समेट ली। लेकिन कसम भी खाई कि आज के बाद अजय के चक्कर में नहीं पड़ना। उनकी बातें इन जाहिलों के पल्ले नहीं पड़नीं। दरअसल बीमारियों से उन्हें बहुत डर लगता। उस पर यह राजयक्ष्मा, भयानक छुतही बीमारी। जरा-सा कोई खखारता लय टूटने लगती।

के.एन. को प्राचीन भारत से अगाध प्यार। दरअसल सन् सैंतालीस में विभाजन के दंगों के समय उमर यही रही होगी चौदह-पन्द्रह की। घर की छत से अपने खिलौने के छोटे कारखाने में दंगाइयों का उन्माद देखा। वर्कर्स क्वार्टर्स में कत्लोगारत। तस्वीर अब भी आँखों के सामने। अन्दर एक भीत कपोत काँपता रहता। यूनिवर्सिटी के दिनों में विक्रमशिला-नालन्दा

के खंडहरों ने कँपकँपी बढ़ा दी। राहत के लिए प्राचीन भारत के पन्नों में डूबे रहते। वैदिक काल, गुप्तकाल आदि-आदि उनके लिए राहते-रूह। इस डूब ने उन्हें ख्याति भी प्रदान की।

डॉक्टर साब के क्या-क्या ख्वाब थे। काश! ऐसा होता यह धरती माँ, सूर्यदेव, चन्द्र, सारे ग्रह-नक्षत्रगण, आकाशगंगा और अपनी आकाशगंगा की लाखों-करोड़ बहनें, उल्टी दिशा में घूम जातीं।...परेड! एबाउट टर्न।...पीछे मुड़...अर्द्धवृत,...परेड तेजी से कदम बढ़ाएगा...लेफ्ट-राईट,...लेफ्ट-राईट,... दायाँ-बायाँ,...दायाँ-बायाँ। पूरी कायनात फिर ईसा पूर्व वैदिक काल में जाकर दम लेती। थम्म। अहा!...''क्या स्वरूप...भव्य रूप,...अरुण! यह मधुमय देश हमारा। विश्वगुरु। यही हिमाद्री तुंग श्रृंग, यही प्रबुद्ध-शुद्ध भारती। श्रद्धा और इड़ा संग विचारमग्न मनु। ऋचा रचते ऋषिवर-मुनिवर। पंचामृत पान और क्षीर भोजन। अहा! काश समय यहीं थम जाता।

गौ रक्षा समिति वालों को डॉक्टर साहब के विचार अति उत्तम लगे। के.एन. को उनके आचार-व्यवहार। सबने उन्हें हाथोहाथ लिया। ढंग का हॉल। बैठने की अच्छी व्यवस्था। श्रोताओं में प्रबुद्ध लोग। हाँ! के. एन. की पसन्द की जगह यही तो थी।

एक तरह से के. एन. सिर आँखों पर बिठा लिये गए। सम्पूर्ण प्रदेश में प्रवास। केन्द्रीय समिति में आमंत्रित। दिल्ली तक हो आए। देखते-देखते उनकी धजा ही बदल गई। पतलून को हाथ तक लगाना छोड़ दिया। शुद्ध धोती-कुर्ताधारी। माथे पर तिलक। शिखा और मोटी और गाँठदार। जनेऊ कभी कानों पर, कभी कुर्ते से झाँकता। हरेक हरकत का दार्शनिक उत्तर।

बोली-बानी भी बदली-बदली सी। पहले भी अच्छी हिन्दी बोला करते थे। अब तो अजब तरह की हिन्दी, संस्कृत संस्कृत-सी... ।...नमस्कारम्... नमस्कारम् टाइप की...टन-टन करती...। लगता कि कानों के पास काँसे की थाली बज रही हो।

अब मानिए या न मानिए बालों के पीछे गाँठदार शिखा, शिखा नहीं थी बल्कि पीपल की जड़ें थीं। अब पूछिए कैसे? डॉक्टर साहब बहुत विस्तार से जवाब देते, 'यह देहयुक्त संसारी जीव सनातन अश्वत्थ वृक्ष है, जिसका मूल ऊपर और शाखाएँ नीचे हैं। जीव का मूल ब्रह्म है, जिसके ऊर्ध्व स्थान का संकेत करने के लिए ब्रह्मरन्ध्र के ऊपर सिर में शिखा रखते हैं।'

बात समझ में आई। नहीं न! किसी विद्वज्जन से अनुवाद करवा लीजिए। उसी प्रकार ललाट पर रोली का तिलक, तिलक नहीं बल्कि 'भ्रूमध्य के पीछे कपाल में आज्ञा-चक्र यानी कि कुंडलिनी ऊर्जा की एक कुंडली का प्रतीक था।'

और जनेऊ...न-न...यज्ञोपवीत के छह धागे सुषुम्ना के छह चक्रों को पार करने की साधना के प्रतीक।

अब उस कस्बे में किसकी औकात थी कि डॉक्टर साब के इन दार्शनिक बुझौवलों को बूझ सके। किसी की माँ ने दो बार दूध नहीं पिलाया कि एतना ऊँचा सोच सके।

इधर डॉक्टर साहब के.एन. प्रसाद की ऊँचाई लगातार बढ़ती जा रही थी। अब वे 'राष्ट्र' की टहनी की फुनगी पर विराजने लगे, जरा-सा नीचे उतरने को तैयार नहीं। भारतमाता को पुनः परम वैभव की स्थिति पर पहुँचाने को कटिबद्ध! दृष्टि बिलकुल साफ, यह केवल वेद-ब्राह्मण-गौ की सेवा से ही संभव।

आठों पहर फुनगी के व्यासपीठ पर बैठे रहने और चिन्तन में डूबे रहने के अपने मजे। नश्वर संसार की माया कम सालती। मुहल्ले-कस्बे में कौन मरा, कौन पैदा हुआ, इन तुच्छ बातों से परे। अजय के संगठन-आन्दोलन के क्या मायने? इन सबमें मस्तिष्क खपाना व्यर्थ की बात। अब पूर्व जन्म में जो पाप-पुण्य किए हैं, वह तो इस जन्म में भोगना ही पड़ेगा। करम का लेख मिटे ना रे भाई, कवि कितनी जोर से कह गया, कितने सुर में गा गया लेकिन नादान लोग समझने को तैयार नहीं। अरे! इस जन्म में कुछ पुण्य कार्य करने को सोचो ताकि अगला जन्म सकारथ हो।

डॉक्टर साब ने एक दिन बड़ी कृपा की। बिन माँगे अजय को एक बड़ी वजनी सलाह दे डाली। अब घर का ही बालक है, इतना खयाल तो रखना पड़ता है। उवाचे, 'ऐसा है कि श्रमिकों के मध्य विश्वकर्मा पूजा का प्रचलन प्रारम्भ करो। कोई न कोई आस्था का केन्द्र तो हो जहाँ सबों का सर झुके। जुड़ाव का कोई तो एक बिन्दु। सर्वप्रथम सांस्कृतिक क्रान्ति की आवश्यकता है। भौतिकता को थोड़ा गौण करो। राष्ट्र और राष्ट्रीयता के भावों को जगने दो। विश्वास मानो विश्वकर्मा पूजा का आयोजन ही संगठन की धुरी बनेगा...'

अजय को काटो तो खून नहीं। एकदम भौचक। यह सलाह थी कि श्राप। श्रीमती प्रसाद के सामने रोना रोया, भाभी जी! अभी-अभी बीड़ी वर्करों

के बीच तो संगठन खड़ा हुआ है। सर, उसे बिखराने की सलाह दे रहे हैं। जानते हैं कि इन मजदूरों में अच्छी-खासी संख्या अन्सारी भाइयों की है और ये विश्वकर्मा पूजा की सलाह दे रहे हैं। हमारे 'सर' को यह क्या हो गया?'

श्रीमती साधना प्रसाद को अजय और उसकी टीम की बेचैनी छूती। ऐसे भी 'श्रीमती' और 'प्रसाद' के कसाव को थोड़ा ढीला करने के मूड में। कब तक दो-दो गार्डों के इशारे पर चले? सो उठीं और मुहल्ले की बीड़ी बनाने वाली औरतों के बीच जा बैठीं। अजय उनकी भी मजदूरी मर्दों के बराबर करवाने की जिद पर। आवेदन पर उनके अँगूठे का निशान चाहिए। कजरौटी में तेल लगाकर निशान लिये गए। मन बहुत हलका-हलका। लगा साधना की भी कोई हस्ती है। वह है। शख्सियत का एहसास, पुलक भरता-सा।

आज के 'ना', 'नहीं' की बारिश का साधना पर कोई असर नहीं। अन्दर खुशियों का इतना ताप कि सारा पानी छन्न-सा भाप बनकर उड़ गया।

अजय की टीम में आजकल बुलबुल के पिता रामेश्वर जी खूब एक्टिव थे। बुलबुल पिछले कुछ माह से सिलाई-कढ़ाई सीखने आ रही। इतनी मीठी बोली और रसभरी दूधिया हँसी कि सबकी लाड़ली। बताया कि बाबू की टी.बी. आखिरी स्टेज में, महँगी दवा नियम से खा नहीं सके। साथ में डॉक्टर जो दूध, फल, अंडा, मछली खाने की सलाह देते हैं, उनका जुटना तो और कठिन। शायद छह महीना-साल भर की जिन्दगी। कफ में अब केवल खून ही आ रहा है। आँखें पुरनम। अब उनकी जिद है कि बीड़ी वर्करों के लिए टी.बी. हॉस्पिटल की माँग मनवाकर ही मरेंगे। उसकी आवाज भीग गई थी और आँखें नम।

दुख भी संक्रामक होता है। साधना ऐसी बातों में डूबती रहती। अपने होने के एहसास का स्वाद भी सर उठाता रहता। उसके बिना क्या थी जिन्दगी? अन्दर खोखला-खोखला-सा खोखल और गहरा होता। पति के ढाबे पर मुफ्त रोटियाँ तोड़ती अधेड़ाती औरत।...अब नहीं। हाल में खुले गर्ल्स हाईस्कूल को हर हाल में जॉइन करना था। उधर से संदेशे भी आ रहे थे। शायद इसी बहाने आँगन भर धरती और आँख भर आकाश की बँधी-बँधाई चौखट से छुटकारा मिलना था। गौरैया के पंख फड़फड़ाने लगे। बारिशों की मार के बावजूद उनमें परवाज का जज्बा शेष था। स्कूल आने-जाने के क्रम में घरों-दालानों में सिर

झुकाए बीड़ी लपेटती औरतों के बीच बैठने, बतियाने, कुछ करने की इच्छा।

लेकिन इस बार जबरदस्त बारिश। कोख जाया बेटा भी शामिल। यही बात बहुत तोड़ने वाली थी। मन एकदम उचट गया। लगा कुछ चटका, जोर से टूट गया। ताप। देह-मन सबमें ताप।

ताप से उबरी, तो भी मन भारी-भारी। हमेशा मन रोने-रोने को करता। इस हालत में कब पूजा घर में पहुँची, याद नहीं। बारिशों में ताजिन्दगी भीगती गौरैया को पूजाघर की गरमाहट और गन्ध बहुत जानी-पहचानी लगी। कुछ-कुछ माँ की गोद-सी। वक्त पूजाघर में बीतने लगा। माला जपती पास बैठी माँ का एहसास। कोने में सरयू नदी की लहरें, जिसमें माँ और उसके आराध्य राम दोनों ने जल-समाधि ली। कभी-कभी बालपन की कोठरी के रेशमी पर्दों की सरसराहट और चाँदी की नन्ही घंटियों की रुनझुन गूँजती रहती। साधना पूजाघर में डूबी रहती।

बुलबुल के पिता कब गुजरे? उसने सिलाई-कढ़ाई सीखने कब आना बन्द किया? कब आलू गोदाम पहुँच गई? ध्यान नहीं। खबरें मिलतीं पर मन से अछूती। गिलाफों पर स्वीट ड्रीम्स काढ़ने वाले के अपने ख्वाब कपूर-से हवा में बिला गए। अब उनके ख्वाबों की कुँवारी मिट्टी को मोटा काला केंचुआ निगल रहा। गोदाम मालिक के अधेड़ बेटे की नजरों में बुलबुल की युवा देह गड़ गई थी।

उसके बाद सिर्फ अफवाहें थीं, बिना सिर-पैर की। आती सरक जाती। बुलबुल के पैर भारी हुए। राजधानी जाकर छुटकारा मिला। पीली पड़ी खाट पर। घर का बोझ अब चौदह-पन्द्रह की छुटकी के काँधे।

शाम सात–साढ़े सात का वक्त। गरमी की शाम, झुटपुटा-सा। पूजाघर के दरवाजे पर थाप पड़ी। चाची-चाची की बदहवास आवाज। साधना को एक नशा टूटता–सा लगा। बाहर आई। छुटकी और उसकी माँ, फफक-फफककर रोती। बुलबुल ने जहर खाया था। उसी काले केंचुए को छोटी बहन को निगलते देख बर्दाश्त नहीं कर पाई। छुटकी को ढेर रुपया लाता देख कुछ भाँपने लगी थी। आज गिरते-पड़ते आलू गोदाम के कोने वाली कोठरी में पहुँच गई। लौटकर चादर ओढ़ सोई रही। खाया भी नहीं। शाम को शायद जहर पी लिया। थाना-पुलिस के डर से कोई अस्पताल तक जाने को तैयार नहीं।

घर के सारे लोग, बच्चे, के.एन. सब आँगन में। साधना का मूड भाँप डॉक्टर साहब सचेत हुए, 'इस अँधेरे में ये कहाँ जाएँगी। तुरन्त रिक्शा

बुलवाता हूँ। सदर अस्पताल के डॉक्टर के नाम पत्र लिख देता हूँ, मित्र हैं। कोई दिक्कत नहीं होगी।'

श्रीमती साधना प्रसाद को इस पल लग रहा कि सारी देह जोर से झटके, 'श्रीमती' और 'प्रसाद' को वहीं पटक, छुटकी और उसकी माँ का हाथ पकड़ चौखट लाँघ जाए। भले 'श्रीमती' और 'प्रसाद' खखार की तरह एड़ी में चिपके लिथड़ते दूर तक साथ आएँ।

...कि 'ना', 'नहीं' बारिश से घबड़ाकर फिर पूजाघर की पनाह में। जहाँ सरयू की लहरें, माँ की गोद और चाँदी की घंटियों की रुनझुन उसका इन्तजार कर रही हैं।

साधना क्या करे, ना करे, समझ में नहीं आ रहा। अब आप ही तय कीजिए उसे क्या करना चाहिए।

('बया' : जून, 2007 में)

जल रहे हैं हरसिंगार

सबेरे-सबेरे थाना मोड़ के 'छोटन टी स्टॉल' में रोज की तरह गहमागहमी थी। बैचलर थाना स्टाफ, गाँव से सब्जी बेचने के लिए आए किसान, उन्हें कम-से-कम दर पर पोटने में मशगूल बिचौलिए, ठेला-गुमटी लगाने वाले दुकानदार, ब्लॉक-अंचल के स्टाफ जैसों के छोटे-मोटे झुंड। आज इस झुंड में सोन-नहर से मछली मारकर लौटे नौजवान मछुआरे भी शामिल थे।

छोटन भी जाति का मल्लाह ही था। तेजी से चाय सुड़क रहा छोटन का मौसियात भाई रजुआ थोड़ा ज्यादा चहक रहा था। शायद उम्मीद से बेसी मछली फँसी थी। रजुआ ने गिलास रखा, लुंगी के फेंटा से रेजगारी निकाली, गिनता हुआ छपरी के अन्दर छोटन के पास पहुँचा। वह चूल्हे पर चाय खदका रहा था। रजुआ ने उड़ती नजर से अन्दर बैठे ग्राहकों को देखा। चूल्हे के पास ही बेंच पर हवलदार पासवान भी विराजमान थे। बाएँ हाथ की उँगलियों में सिगरेट फँसाए और दाएँ हाथ में कप थामे। छोटना को खूब मालूम था कि साहब-सुबहा को कप-प्लेट में चाय अच्छी लगती है, हाट-बजार के बनियों को मिट्टी के भांड में, मजदूरों, ठेलेवालों, दूकानदारों को शीशे के गिलास में। 'छोटन टी स्टॉल' का यह अपना 'स्टाइल' था, अपना वर्ग-विभाजन, व्यापारिक चतुराई।

रजुआ ने हवलदार साब को परनामी ठोंकी। भाई छोटन को बेचैन नजरों से देखा। कुछ कहने के लिए उसके होंठ फड़फड़ाए लेकिन कुछ बोला नहीं, चुप लगा गया। पर बेचैन नजरों से कभी हवलदार साहब को देखता तो कभी भाई की ओर। साफ था कि कुछ कहने के लिए मरा जा रहा था किंतु कह नहीं पा रहा था।

छोटन से रहा नहीं गया, बोला 'बोल न रे! काहे झिझक रहा है? पैसा कम है तो मछरी बेचकर लौटते बखत देना।'

'ई बात नहीं है भैया।' रजुआ की जुबान फूटी।

'फिर का बात है?' छोटन ने पूछा।

'बोलऽ जवान। घबड़ाने का कौनो काम नहीं है। हमहूँ घरे के आदमी हैं। नहीं हिचकिचाइए। हवलदार पासवान जी मूड में थे।

रजुआ की हिम्मत बढ़ी। अपने हिसाब से आवाज बहुत धीमी की और फुसफुसाया, 'आज थाना के छोटा बाबू को बप्पा ने दुइ लात मारा।'

छोटन टी स्टॉल में सन्नाटा छा गया। एकदमे पिन ड्रॉप साइलेंस।

हवलदार रामजीत पासवान फटी आँखों से रजुआ को ताके जा रहे थे। एक क्षण के लिए उन्हें समझ में ही नहीं आया कि उसने क्या बका? फिर एकाएक मानो ब्लड प्रेशर बढ़ गया हो। चेहरा तमतमा गया। झटके से खड़े हुए। सिगरेट फेंकी और रजुआ की चुड़की मुट्ठी में।

'साले! रंडी की औलाद। ऊ आग मूतने वाला दारोगा बाबू रंजीत सिंह को का खाकर तुमरा फुसियहवा बाप शनिचरवा माँझी मारेगा रे। सबेरे-सबेरे गाँजा पीया है का मादर..।'

'माफी माई-बाप, माफी। बाकि हम झूठ नहीं बोल रहे।' रजुआ गिड़गिड़ाया।

'बतिया तो पूरा सुन लीजिए, हुजूर! फिर जो सजा हो दीजिएगा,' छोटन ने हवलदार साहब से हथजोरी की। सारे ग्राहकों की आँखें रजुआ पर चिपक गई थीं। अगल-बगल की चार दुकानों के ग्राहक भी यह अनहोनी सुनने खिसक आए थे।

'साले! सच-सच बताओ। एको सबद झूठ बोला तो गुंडा एक्ट में साल भर के लिए अंदर कर देंगे!' चुड़की छोड़ते हुए हवलदार साहब ने चेताया, 'भोंसड़ीवाला! पुलिस अफसर के बारे में उल्टा-सुल्टा बकता है।'

अबकी बार की बोली से लगा कि प्रेशर नार्मल हो रहा है। ऊपर से गुस्साए तो लग रहे थे किंतु चेहरे पर हलकी मुस्कान की भी झलक थी। लगता है, छोटा बाबू के पिटाने की खबर से मन में खुश भी हो रहे थे। चुड़की छूटने से रजुआ की थरथराहट थोड़ी कम हो गई। छोटन तो थाना स्टाफ की ऐसन नौटंकी देख-देखकर ही जवान हुआ था। उस पर इन लोगों के गुस्साने का ज्यादा असर नहीं होता था। उसने दुलार में रजुआ के सर को सहलाया और पूरी कहानी सुनाने को कहा।

'आज पौने तीन बजे बप्पा ने उठा दिया,' रजुआ ने बात शुरू की, 'एक हफ्ता पहिले सनीमा देखने टाउन गए थे, वहीं कचहरी के पास

फुटपाथ से पैंतीस रुपया में ई घड़ी लिये थे।' उसने कलाई पर बँधी लाल फीते वाली सस्ती डिजिटल घड़ी दिखाई।

'हमने बप्पा को समझाया कि अभी तो पौने तीने बजा है, अभीये से नहर पर जाकर का करेंगे? एकबग्गा बुढ़ऊ बहुत जिदी है। उसे न मानना था न माना। बूढ़े को न अपने नींद आती है, न हमें सोने देता है।'

एही महीने रजुआ का गौना हुआ था। उसकी खीझ छोटन समझ रहा था। उसे हँसी आ गई।

बप्पा की बड़बड़ाहट और गालियों से बचने के लिए छोटे भाई और मैं जाल लेकर सोन-नहर की ओर निकल गए। पर पेशाब से निपटते, बीड़ी पीते जब पुलिया के पास पहुँचे तो हुआँ से किसी के खखारने की आवाज आ रही थी। हमारी लालटेन की रोशनी और बात करने की आवाज सुनकर पुलिया पर कोई खड़ा होकर लाठी खटखटा रहा था। तभी जोर से पूछा गया कि हम कौन हैं? आवाज से पहचाना कि हुआँ बोधन चौकीदार खड़े थे। लालटेन को अपने चेहरे के पास लेकर हमने भी आवाज दी। बोधन काका ने पहचान लिया था। नगीच पहुँचे तो काका के पास खटोली पर चादर ओढ़कर कोई सोया हुआ था। ठीक बीच्चोबीच पुलिया पर। हमें खटोली की तरफ ताकते देखकर बोधन 'का' ने धीरे से बताया 'छोटा बाबू' है। बात-बोली से जग नहीं जाए सो हम लोग थोड़ा आगे बढ़कर टील्हा पर बैठे। बोधन 'का' ने खैनी लगाने को कहा। खैनी चुटियाते-चुटियाते हमसे रहा नहीं गया तो हमने पूछ ही लिया कि दारोगा बाबू हियाँ काहे सुतल हैं? तब मालूम हुआ कि मनोहरपुर वाले जहीर मियाँ का केन्दुपत्ता लोड ट्रक चोरी से पार होने वाला है। ऐसी पक्की खबर है। छोटा बाबू ऐसने आइडिया से ये ही सीजन में ढेरों लोड ट्रक पकड़ चुके हैं। लेकिन अकेले काहे? और जवान कहाँ हैं? ई जानना चाहा तो बोधन 'का' ने झिड़क दिया कि बेसी पूछताछ नई करो। एतना भी नय सुझाता है कि जेतना आदमी रहेगा कमीशनवा ओतना लोग में न बाँटना पड़ेगा। फिर हमनी के हाँक दिहिन-जाओ, अपन काम करो। ई सब में दिमाग खपाने से कौनो फायदा नहीं है। सो खैनी होंठ में चाँप कर हुआँ से हमनी चल दिए। आगे बढ़कर नहर में उतरे और जाल डालने लगे।

एक तो नहर की ठंडी हवा के झोंके पलकों को भारी करने को काफी थे, दूसरे कई रातों से बाबू कुमार रंजीत सिंह इसी तरह की ड्यूटी में रतजगा

कर रहे थे सो आज नींद तो आनी थी। खटोली इसलिए पुलिया के एकदम बीच में बिछवाई थी। थाना से साढ़े ग्यारह-पौने बारह में चले होंगे। डेरा में मेम साहब को खबर थी। रात का खाना थाना में ही मँगाया गया था।

बड़ा हिसाब से खाते हैं छोटा बाबू। रात में ड्यूटी करनी हो तो एक रोटी, दही और सलाद साथ में, एकाध पीस अंडा या मछली। खाना ऐसा कि पेट भारी न होने पाए। किंतु आज यह तरकीब भी काम नहीं आ रही थी। चौकीदार से कितना गप्प करते, ऐसे भी छोटे स्टाफ से कम ही मुँह लगाते हैं। लोग इतने मुँहफट होते हैं कि थोड़ा हालचाल मुस्कुरा के पूछ लीजिए, बस चिपक जाएँगे, पर्सनल होने लगेंगे। यह रंजीत बाबू को एकदम पसंद नहीं। उनकी निजी दुनिया बस उनकी अपनी है, केवल उनकी। वहाँ प्रवेश निषेध की सख्त तख्ती लटकी हुई है। यह उनके चेहरे से भी झलकता है। ठीक है, पीठ पीछे घमंडी बोलते हैं लोग। बोलते रहें इससे उन्हें क्या फर्क पड़ता है?

पलकों के बोझिल होने से आँखें मूँद गई हैं किंतु दिमाग अभी चैतन्य है। कई तरह की बातें, कई तरह के सोच आ-जा रहे थे। सच पूछा जाए तो यही उनका प्यारा शगल है। सोचना और सोचना, खुद में ही डूबे रहना। लोग उनसे चिढ़ते हैं, ईर्ष्या करते हैं। इतनी ईर्ष्या, इसका अंदाज उन्हें भी पहले नहीं था। अपने ही विभाग के लोग, अपने ही बैच के लोग क्या-क्या खुराफात करते हैं? ओफ्फ! हालाँकि इनके अनाप-शनाप बकवासों पर वे कान नहीं देते। लेकिन दुख तो तब होता है जब उन पर बोली कसते-कसते लोग मिसेज के बारे में भी उलटा-पुलटा बोलने लगते हैं। अब उर्मि राजधानी की है, प्रिंसिपल की बेटी, पोस्ट-ग्रेजुएट, तो क्या उनकी मुफस्सिल पोस्टिंग के कारण पर्दा करने लगे, घूँघट में रहे, लोगों से मिले-जुले नहीं, ऐसा कैसे हो सकता है? यह नौकरी साली ऐसी है कि फैमिली के लिए समय निकालना कठिन है। उधर उर्मि को कॉलोनी की महिलाओं की औरताना गप्प-गोष्ठियों से चिढ़ है। वही एक-दूसरे की पीठ-पीछे चुगली, ताक-झाँक और काल्पनिक वैध-अवैध संबंधों के किस्से। इनमें उर्मि की जरा भी रुचि नहीं। यह बात वह समझता है किंतु औरों को कैसे समझाए? उनके फादर-इन-लॉ के कई शिष्य जिला हेडक्वार्टर में विभिन्न पदों पर पोस्टेड हैं। उनमें से अविनाश बाबू एक्जीक्यूटिव मजिस्ट्रेट का उर्मि से थोड़ा ज्यादा ही लगाव है। कहते हैं कि अविनाश बाबू पी.सी.एस. की तैयारी कर रहे थे तो फादर-इन-लॉ से ट्यूशन पढ़ने जाया

करते थे। उस समय उर्मि नाइंथ-टेंथ में पढ़ रही थीं। पापा की दुलारी मैथ में थोड़ा कमजोर थी। अविनाश बाबू मैथ के गोल्ड मेडलिस्ट। सो गुरुदेव के आदेश से उर्मि का मैथ ठीक करवाने लगे। ये 1979-80 की बात रही होगी। लगभग दस साल पहले की बात। इस बीच यूनिवर्सिटी में उर्मि से उसकी दोस्ती हुई, फिर शादी। पिछले दो वर्षों से इस गाँवनुमा कस्बे में तीसरी पोस्टिंग।

एकाध वर्ष पहले की बात है कि अविनाश बाबू किसी मामले की फील्ड विजिट में थाने में आए हुए थे। परिचय के क्रम में यूनिवर्सिटी की चर्चा हुई तो मालूम हुआ कि वे दोनों एक ही यूनिवर्सिटी के एक ही फैकल्टी के छात्र रहे हैं। यह अलग बात थी कि अविनाश बाबू उनसे पाँच-छह वर्ष सीनियर थे। बातचीत के क्रम में फादर-इन-लॉ का नाम आया। प्रभारी पाँडे जी ने विशेष परिचय उनके दामाद के रूप में करवा दिया। स्वाभाविक है अविनाश बाबू उर्मि से मिलना चाहे। भेंट होने पर दोनों की खुशी देखने लायक थी। उसके बाद वे अकसर आ जाया करते हैं। उर्मि भी टी.वी., वी.सी.पी. देख-देखकर बोर हो चली थी। स्वभाव में चिड़चिड़ाहट भी बढ़ गई थी।

अब लोग उनसे यह उम्मीद करें कि घर बैठे रहें, गेस्ट को इंटरटेन करें तो यह सम्भव नहीं। यह उनके स्वभाव में नहीं रहा। मौसमी बातचीत, फिल्मों-सीरियल्स के विशद वर्णन, राजनीति पर नरम-गरम बहसें उनसे अब बर्दाश्त नहीं होतीं। शुद्ध बकवास लगते हैं, बैठों की बेगारी। उर्मि के ये प्यारे शौक हैं, उसे ही मुबारक हों। अविनाश बाबू तो गप्पबाजी में भी उसके गुरु हैं। वे एक-दूसरे का इंटरटेन करते रहें, उन्हें बख्श दे, यह उनकी हार्दिक कामना रहती है। उन्हें इन दिनों अपना ट्रंकवाला स्टडी रूम ही प्यारा लगता है जहाँ वे अपने में डूबे रहते हैं निश्चिंत। अब इस बात को कितनी तरह से, कितना नमक-मिर्च लगाकर भाई लोग प्रचारित करते हैं, अंदाज लगाना मुश्किल है। इट्स सो हॉरिबल।

अविनाश बाबू तो अविनाश बाबू, इस हवलदार रामजीत को लेकर भी कितनी गंदी बातें! समझते हैं उन्हें मालूम नहीं होगा। हालाँकि कितनी बार उन्होंने समझाने की कोशिश की है। उनका डेरा थाना कैम्पस से दूर ब्लॉक कॉलोनी में है। जहाँ कोई घेरा-वेरा भी नहीं है। बीच कॉलोनी से होते हुए ही गाँव वालों ने शॉर्टकट रास्ता बनाया हुआ है। शॉर्टकट का शॉर्टकट, आँख सेंकने का मसाला भी। दोपहर को, शाम को जब देखिए सारी

फैमिली क्वार्टरों के बाहर ही तो जमी रहती है। कॉलोनी में कोई सिक्यूरिटी भी नहीं है। कौन नहीं जानता कि कैम्पस के दूसरे छोर पर कृषि फॉर्म के सुपरवाइजर मिश्रा की बीवी के पास क्रिमिनल ललन दूबे आता है। जमानतें मिली हुई हैं, गवाहियाँ होती नहीं। कोई जानकर भी क्या उखाड़ेगा? रात में दूबे के आने-जाने की खबर जानने के बाद ही उन्होंने रामजीत को सख्त हिदायत दी कि जब कभी वे रात की ड्यूटी पर रहें तो दो चौकीदारों की कमान ब्लॉक कॉलोनी के लिए काटी जाए। साथ ही खुद रामजीत रात में एक-दो चक्कर लगा जाया करें ताकि चौकीदार मुस्तैद रहें। नींद नहीं मारने लगें। अब इसमें कौन सी अनहोनी बात हो गई? ठीक है यह आइडिया उर्मि ने ही दिया था लेकिन इसमें गलत क्या है? सच तो यह है कि उर्मि सजग है, अपनी हिफाजत करने में समर्थ किंतु उनके ट्रंक के साथ कुछ हो जाए तो? सो उन्हें तो यह व्यवस्था ठीक लगती है जिसे जो बकना है, बकता रहे।

सच बात तो यह है कि असली जलन तो लोगों को उनकी प्रैक्टिस से है। सबसे ज्यादा तो साला यह पाँड़े प्रभरिया जलता है। अब थाना प्रभारी हैं तो रुआबे में रहिएगा, थाना से हिलियेगा नहीं तो लक्ष्मी क्या अपने से चलकर आपके पास आएगी? उनके ही बैच का है राधारमण पाँड़े। न जाने एस.पी. साहब को क्या सुर्खाब के पंख दिखे कि उसे प्रभारी बना दिया। ठीक है प्रभारी बना दिए तो बना दिए, अब दिमाग भी तो नहीं न दे देंगे। यहाँ साइंस कॉलेज के टॉपर का दिमाग है, यह भी कोई थोड़े ही छीन लेगा। साफ बात है, जो मेहनत करेगा वह कमाएगा। कमाने वाला ही गंगा नहाएगा।

उन्हें देखिए, बिना नागा सबेरे साढ़े पाँच से छह के बीच बाजार का एक चक्कर जरूर लगाते हैं। जानते हैं रात में पहुँचे आढ़तियों के ट्रक इसी समय अनलोड होते हैं। एक बार माल गोदाम में पहुँचा कि खिस्सा खत्म। सो अनलोडिंग के समय ही पहुँचना ठीक रहता है। फिर किसी आढ़तिए या ट्रक ऑनर को थाम लीजिए। एसेंसियल कॉमोडिटीज एक्ट, मोटर भैकिल एक्ट, नारकोटिक ड्रग्स एक्ट, प्रिभैन्सन ऑफ डैमेजेज पब्लिक प्रोपर्टी एक्ट, इममोरल ट्रैफिक प्रिवेंशन एक्ट जैसे कड़े-कड़े कानून पेलिए। वे तुरंत पिलपिला जाएँगे। उनके पिलपिलाते ही तुरंत पिल पड़िए। नाक डूबाकर जितना पी सकते हैं, पी लीजिए। सच कहा है, लक्ष्मी तो चंचला हैं। इन सेठियों की तिजोरियों में पड़ी-पड़ी ऊब जाती हैं, अब उनके ट्रंक

तक आने को व्याकुल हैं। बहुत स्पेस है वहाँ। साले इन बनियों को क्या मालूम कि इममोरल ट्रैफिक प्रिवेन्शन एक्ट का मतलब वेश्यावृत्ति निरोधी कानून होता है या गुड़ की ढुलाई पर नारकोटिक ड्रग्स का कानून नहीं लागू हो सकता। अब उन लोगों ने पढ़ाई तो की नहीं है। पढ़ाई इन्होंने की है तो कमाई भी वे ही करेंगे न।

अब पपोटों की तरह दिमाग भी भारी हो रहा था। धीरे-धीरे एक शून्य...भारहीनता का एहसास...नींद। नींद आई तो सपने भी। सपने तो मानो टाइम मशीन हों, कभी भूत तो कभी भविष्य की यात्रा। सपने और दृश्य...दृश्य और सपने।

प्रथम दृश्य। दस साल पहले का कॉलेज कैम्पस।...छात्रसंघ के मंच से भाषण देता रंजीत...रैली का नेतृत्व करता...लाल झंडा लहराता रंजीत।... प्रतिवाद-प्रतिरोध-प्रतिशोध के लिए...एक हों...एक हों-एक हों...हों...हम सब... मुट्ठी तान नारा लगाता रंजीत।...ग्रुप की संगीत मंडली के साथ 'इंटरनेशनल' गाता रंजीत...हम होंगे कामयाब...हम होंगे कामयाब...एक दिन...मन में है विश्वास...।

द्वितीय दृश्य। जे.एन.यू. में एडमिशन के लिए बाबूजी से बहस करता रंजीत।...प्रशासनिक सेवा...आई.ए.एस...आदर्श...सुधार...ढेर सारी बहसें। तीन-तीन बहनों की शादी...बाबूजी की स्कूल की नौकरी...बस दस बीघे जमीन...। बाबूजी की असमर्थता...माँ की लाचारी...। दारोगा परीक्षा की तैयारी के लिए विवश किया जाता रंजीत...। मंत्री का दरबार...बड़ी बहन के श्वसुर के संबंधी...आश्वासन...। बाबूजी के पी.एफ. के पैसों से भरी थैली...। दारोगा की परीक्षा में सेलेक्ट होता रंजीत...।

तृतीय दृश्य।...ट्रेनिंग स्कूल...। हाई जम्प...लॉन्ग जम्प...जौगिंग... परेड़...। सिविल प्रोसिड्यूर कोड...क्रिमिनल प्रोसिड्यूर कोड...रट्टा मारता रंजीत... ।...हँसी का पात्र बनता पढ़ाकू रंजीत... ।...पाश-मुक्तिबोध की किताबों पर दारू पीकर उल्टी करता रूममेट...।

चतुर्थ दृश्य।...पहली पोस्टिंग...कुछ करने की ललक...सीनियर्स का समझाना-बुझाना।...नन-वर्क्स में लगा देना...। माँ के पक्षाघात की खबर वाला बाबूजी का पोस्टकार्ड...इंचार्ज के हाथों में... ।...पैसे...माँ की इलाज के लिए पैसे...बहनों की शादी के लिए पैसे...बरसात में ढहते पुश्तैनी मकान की मरम्मती के लिए पैसे... ।...इंचार्ज तिलकधारी सिंह की सहृदयता... ।...जी.टी. रोड पर ड्यूटी...हवलदार-जवानों को विशेष हिदायत...। ...जवानों ने ट्रेनिंग

पूरी करवा दी...छह महीनों में...साथी रंजीत संपूर्ण दारोगा...बाबूकुमार रंजीत सिंह...।

पंचम दृश्य।...प्रैक्टिस में डूबता रंजीत...। उर्मि की आँखों का नशा... किताबों का...कविताओं का नशा...कब टूटा...एहसास नहीं...।...नए तेज-नशे ने चारों ओर से घेरा...। ऑक्टोपस की कई-कई बाँहें...अजब तरह का आनंद...ताकत का एहसास...।...माँ का अपोलो में इलाज...। बहनों की भव्य शादियाँ...।...हैंडसम गजेटेड बहनोई...।...बड़े लोग...ऊँचे घराने।...सब रंजीत के प्रैक्टिस का कमाल...।...इन सालों में कितना कुछ...।...भाई के लिए राजधानी में टायर की दुकान...। रिटायर पिता के लिए मुजफ्फरपुर में पक्का मकान...।...राँची में फ्लैट...।...दस बीघा जमीन अब चालीस बीघा...।... खानदान की नाक रंजीत...आदर्श पुत्र...आदर्श भाई रंजीत...।...नशा और... गाढ़ा...। सबेरे से ही बेचैनी...।...बिना गड्डी के चाय-पानी भी नहीं सुहाता...। ...स्टडी रूम...बड़ा-सा ट्रंक...रजाई-तोशक रखनेवाला...।...ट्रंक में नोटों की गड्डियाँ सजी हुईं...खूबसूरत।...ट्रंक खोलकर निहारता रंजीत...।...दमदम... दमकता चेहरा...।...

षष्ठम् दृश्य।...ट्रंक का जादू...जादुई ट्रंक...।...अकेली रातों में कई-कई रूप बदलता ट्रंक...।...जिस दिन सीनियर्स से झड़प होती...एस.पी...डी.एस. पी...की डाँट...। उस रात...गृहमंत्री की कुर्सी में तब्दील होता ट्रंक...।... गृहमंत्री...बाबू कुमार रंजीत सिंह...।

...एस.पी...सस्पेंड डी.एस.पी...टर्मिनेट...इन्सपेक्टर...लाइन हाजिर हाजिर...। ...प्रभरिया के गले में कुत्ते का पट्टा...तू...तू...टॉमी...ले...ले।...गोश्त उछालता गृहमंत्री रंजीत...।...जिस दिन अच्छी प्रैक्टिस...।...उस रात...विश्व सुन्दरी में तब्दील होता ट्रंक...। मिस परफेक्ट फिगर...।...मिस ब्यूटीफुल स्माइल... मिस टॉपलेस...मिस बेअर-डेयर...।...कभी...ढेर सारी सुन्दरियाँ...उनकी बाँहें।... कभी एक ही सुन्दरी में समाहित होतीं...ढेर सारी सुन्दरियाँ...।... गोरी-गुलाबी...बाँहों का नशा...डूबता रंजीत। हाँफता रंजीत। तभी झटका... पेट के पास चोट का एहसास...शायद ऋचा ने गहरी नींद में लात चलाई...। दर्द...शोर...नींद खुली।

'तो जानते हैं, हुजूर!'—रजुआ ने बात बढ़ाई—'पनिया में जाल फैलाकर हम नहर किनारे बीड़ी फूँक रहे थे और बप्पा का इंतजार भी...तभी पुलिया से हल्ला सुनाई दिया। हमने सोचा ट्रक की आवाज तो सुनाई पड़ी नहीं तो

यह हल्ला कैसा? सो दुनो भाई पुलिया के तरफ दौड़े। जाकर देखा तो दूसरे तमाशा। बप्पा भूइंया में लोट-पोट कर मुआफी माँग रहा है। चचवा अलगे हाथ-गोड़ जोर रहा है, बाकी छोटा बाबू आग होवल थे। बप्पा को जुतिया रहे थे और जोर-जोर से गरिया रहे थे। हम दुनो भाई बिना सोचे-समझे, बूझे कौनो भारी गलती हुआ है, छोटा बाबू के पैर में लपटा गए रो-रोकर हथजोरी करने लगे। बोधन काका भी समझाने लगे कि अब छोड़ दीजिए हुजूर, बात बढ़ेगा तो रऊरे बदनामी होगा। एतना सुनते ही छोटा बाबू ठमक गए। हाथ रोक लिहिन बाकी डपटकर धिराया कि साले मल्लाह ई बात कहीं खुला तो अच्छा नहीं होगा। येही पुलिया पर इनकाउंटर कर देंगे। ठीक से बूझ लो। उसके बाद वे बोधन 'का' के साथ खटोली-ऊटोली के साथ चल गए।

'उसके बाद हम बप्पा को खड़ा किए। टाँग-टूँगकर नहर किनारे ले गए। उसने हाथ-मुँह धोया। देह-हाथ झाड़ा फिर हँसने लगा। ओने चचवो पेट पकड़कर जोर-जोर से हँस रहा था। हम दुनो भाई भकुआ गए। 'काहे बप्पा, काहे हँसते हो, एतना पिटाई, एतना जलालत के बाद दाँत चियारना शोभता है का?' हमने पूछा। तब जानते हैं हुजूर! बप्पा का बोलिस? ऊ बोलिस हुजूर कि 'हम गरीब-गुरबा लोगन का गाली-बात सुनना ऊ भी पुलिस-दरोगा से तो सौभाग्य-भाग है। ई तो रोजे का धरम है बाकि आज हम जो कर दिए ऊ तो हमरा पुरखा-पुरनिया भी नहीं सोचा होगा।' ई का अजगुत कर दिया, भाई हमने सोचा। बप्पा तो अपने रौ में था। बताया कि तुम लोगन को नहर पैठाने के बाद हम अपन छोटका को उठाये। कुल्ली-कलाला करके दुनो भाई लाल चाह पिए। महादेव बाबा का प्रसाद टाना और लालटेन उठाकर नहर की ओर चले। हियाँ पुलिया के पास पहुँचे तो दु लोगों को सुतल देखा तो एकबारगी दिमागे गरम हो गया। लगा तुम दोनों भाई जनम के आलसी। घर से नींद में निकले और हियाँ आकर फिर सुत गए। हमने आव देखा न ताव दुइ लात जोर से लगाए। गरियाते हुए चादर खींचा तो चक्कर आ गया। ऊ तो छोटा बाबू थे। नीचे बोरा पर बोधन सुतल था। आगे तो तुम लोग देखबे किए हो।'

'धुत् साला! खोदा पहाड़ निकली चुहिया,' यह हवलदार साहेब थे, 'लेकिन एतना बूझो जो बोले सो बोले, अब और कहीं नहीं बकना ई सब बात। वरना दरोगवा सच्चो इनकाउंटर कर देगा। अब भागो हियाँ से। और

सुनीहारमन आप लोगन भी गौर से सुन लीजिए कहीं फुसकिएगा नहीं वरना हमसे बुरा कोई नहीं होगा।'

हवलदार रामजीत पासवान भारी मन से टी स्टॉल से उठे। कोठरी में जाकर धम्म से पड़ गए। अब समझ में आया कि छोटा बाबू बेटाइम क्यों पहुँचे? एकदम हड़बड़ाहट हो गई। वे तो गहरी नींद में फोंफ काट रहे थे। मेम साब ने उठाया। कमीज का बटन लगाते-लगाते पिछवाड़े से निकल गए तो साँस आई। थोड़ी दूर घूमकर डगर पकड़ी। दरवाजा खटखटा रहे छोटा बाबू को सैल्यूट देकर जय हिन्द बोला। रंजीत बाबू मुरझाए-से थे। अब समझ में आया उनकी उदासी का कारण। आमदनी हुई नहीं ऊपर से बेइज्जती। ऐसन में आदमी उदास होगा ही। उदासियो में छोटा बाबू पूछताछ नहीं छोड़े। जवाब भी रेडीमेड तैयार था। बताया कि बी.डी.ओ.-सी.ओ. सब साहब लोग शनीचर रात को नाच देखने बनारस गये हैं। फैमिली-बच्चे अकेले हैं सो हिदायत दी थी। आप भी हुजूर तो ड्यूटी पर थे। मन में खटका था, ठीक से नींद नहीं आई। चोरी-चकारी भोरे में होता है और चौकीदारन भी भोरे में नींदा जाता है सो देखने चला आया।

तब तक भुनभुनाते हुए मेम साब ने दरवाजा खोल दिया था। वह जानता है कि अभी दस गंडा बात सुनाएँगी। का करे मेम साब भी। ई साहब का लक्षण ऐसन है कि चिड़चिड़ाते रहती है। क्या सोचकर शादी की थी ये क्या निकले? सब बताती हैं मेम साब। ठीक है रामजीत, अविनाश बाबू की तरह अंग्रेजी में नहीं बतिया सकता किंतु धीरज से सुन तो सकता है। सोच कर सही सलाह तो दे सकता है।

उस दिन अविनाश बाबू आए हुए थे। वह भी चिकेन लेकर पहुँचा था। चौकीदार से मेम साब का संवाद मिला था। चाय के लिए उसे भी बैठा लिया गया। भावुक होती मेम साब उस दिन फूट पड़ी थी—'एम.ए. के बाद पापा मेरी शादी किसी आई.ए.एस.-आई.पी.एस. से कराना चाहते थे। किंतु कैम्पस के रंजीत को मैं भूल नहीं पा रही थी। उसकी आँखों का...उसकी बातों का नशा मेरे पूरे वजूद पर तारी था। दीवानेपन के आलम में दारोगा जैसे अदने पोस्ट पर ध्यान ही नहीं गया। पापा अपनी दुलारी धिया की बात को टाल न सके। स्वजातीय रंजीत उनका प्रिय शिष्य भी था। पारिवारिक दबाव के कारण छोटी नौकरी जॉइन करनी पड़ी थी। किंतु उसका संकल्प था कि बहनों की शादी से निपटते यू.पी.एस.सी. की तैयारी में लगेगा। छुट्टी लेनी पड़ी तो लेगा। किताबों के प्रति उसके जुनून को

देखकर बात गलत भी नहीं लगी थी। लेकिन शादी के कुछ ही सालों बाद ही यह वो रंजीत रहा ही नहीं। वे शादी के बाद के साल मानो सपना हों। सचमुच आँखों में डूबना जिसे कहते हैं, हमने उसे जाना और हर क्षण उसे जिया भी। बच्चन-रमानाथ, अवस्थी-दुष्यंत के गजल-गीतों से घर गमगमाता रहता।...महक रहा है हरसिंगार जैसे पहला-पहला प्यार...। पूरा घर हरसिंगार के छतनार डार में तब्दील हो गया था, हम हरसिंगार के फूलों में। न जाने किसकी नजर लग गई। शायद मेरी ही। जैसे इसकी प्रैक्टिस बढ़ी मेरी डिमांड बढ़ती गई या फिर मेरे डिमांड्स के कारण ही इसने प्रैक्टिस बढ़ाई हो। शुरू-शुरू में गहनों के सेट्स की चौंध में सच्चाई दिखी ही नहीं। आज मोतियों का सेट तो कल चंद्रहार-करधनी, परसों हीरे के कर्णफूल। कर्णफूलों की दमक से हरसिंगार के फूल मुरझा रहे थे। यह समझने में देरी हो गई। पहले गीत-संगीत बंद हुए, फिर कहकहे। न जाने कब हम 'तुम' से 'आप' पर आ गए पता ही नहीं चला। बातें बस औपचारिक रह गई थीं। अब तो दिन भर में एक-दो शब्द बोल लें तो बड़ी बात हो जाती है। बिस्तर भी धीरे-धीरे बर्फ की सिल्ली होता चला गया। शायद यहाँ भी मेरे ही डिमांड बढ़ते गए थे और वह काठ होता चला गया था। आखिर ऊबकर एक रात मुझे ब्लू फिल्म के कैसेट थमाया और स्टडी रूम में सोने चला गया।

'उसका बेटी से बोलना-बतियाना, चुहल करना भी घटता चला गया। अब तो उसकी नजर में मानो हमारा अस्तित्व ही नहीं रहा हो। नजर उठाकर देखता भी नहीं। बस स्टडी रूम...ट्रंक...और गड्डी इन्हीं तीन शब्दों में उसकी दुनिया सिमटकर रह गई। वह मशीन हो गया और हम पत्थर। पत्थर की अहल्या। वह वर्षों पहले स्टडी रूम में घुसा था, आज तक वहीं सोता है, कोई व्यतिक्रम नहीं। एक समय तो पुरुष देहगन्ध तक के लिए तरसा दिया इस आदमी ने।'

'शुरू में तो अपराध-बोध से दबी-दबी जाती थी। अपनी नजरों में ही गिरी हुई। अवसादग्रस्त। पहनना-ओढ़ना कुछ नहीं सुहाता था। किंतु एक दिन की घटना से मेरे नजरिए में बदलाव आया। लगा कि बात कुछ गहरी है। आखिर ऐसा क्या हुआ कि सारी संवेदनाएँ मर गईं इस आदमी की? इसके लिए घर और घर के लोगों का कोई अर्थ ही नहीं रह गया। ऐसी भी जिन्दगी जीता है कोई? इतना आत्मकेन्द्रित! किसी और औरत का चक्कर तो नहीं ही था। इस रामजीत और चौकीदारों से मैं कन्फर्म होती

रहती थी। लेकिन कोई पिता अपने खून के लिए इतना निर्मम, इतना असंवेदनशील हो सकता है, इस बात ने मुझे झकझोरकर रख दिया। उस दिन बिटिया ऋचा किन्हीं के क्वार्टर से अगड़म-बगड़म खाकर आ गई थी। यह चुलबुली दिन भर कॉलोनी के क्वार्टरों में घूमती रहती है। शाम से ही पेट दर्द-पेट दर्द कर रही थी। मैं पुदीन हरा पिलाकर निश्चिन्त हो गई थी। किंतु रात होते-होते गैस से पेट फूल गया, उलटी-दस्त शुरू हो गई। उस दिन जनाब घर में ही थे। शाम से ही चुड़ैल ट्रंक रूम में घुसे हुए। खिड़की-किवाड़ सब बंद। केवल डिनर के लिए बाहर आए थे। ड्राइंग रुम में टी.वी. के सामने न्यूज देखते मशीन की तरह खाना निगला फिर रूम में बंद।'

'मैं कितना किवाड़ पीटती रही। दस-ग्यारह बजे रात में अकेले डॉक्टर के पास जाने में झिझक हो रही थी। बिटिया हर उलटी के बाद पस्त होती जा रही थी। शुरू में बात गंभीर नहीं लगी थी, लेकिन अब उसकी सफेद होती पुतलियों को देखा तो मेरे हाथ-पैर ठंडे हो गए। आखिर हारकर अकेले ही निकली। कॉलोनी के एक छोर पर डॉक्टर साहब का क्वार्टर था लगा कि दौड़कर पहुँच गई। डॉक्टर साहब भले हैं परन्तु चले आए, नौकर को भेज ए.एन.एम. को बुला लिया। जब तक पानी चढ़ता रहा बैठे रहे। भोर होने को आया तब लौटे। मुझे झूठ बोलना पड़ा कि ये नाइट ड्यूटी में कहीं छापे में गए हैं। लेकिन मन ही मन गुस्से और घृणा से मैं तप रही थी। इस आदमी के घटियापन ने मुझे अंदर से तोड़ दिया था।'

'उस दिन के बाद से मैंने अपनी जिन्दगी के बारे में नए सिरे से सोचना शुरू किया। इस आदमी की हरकतों को भी गौर से देखने लगी। कहीं न कहीं कोई भारी गड़बड़ी थी और तेज गरमी की रातों में भी जब ये खिड़की के पल्लों को बंद करके सोने लगे तो मेरा माथा ठनका। बड़ा विचित्र लगा। तब ही एक रात पल्ला की झिर्रियों से दिखा वह दृश्य। घृणा की एक लहर एड़ी से चोटी तक चढ़ती चली गई—छिह इसी घिनौने आदमी के पीछे अपनी जिन्दगी खराब कर रही थी।' मेम साहब अब फुफकार रही थी।

रामजीत के बार-बार पूछने पर एक दिन जब मेम साब ने उस सीन के बारे में बताया तो उसे विश्वास नहीं हुआ। तो उसी रात उन्होंने उसे भी झिर्रियों से वह सीन दिखाया। ऐसी घिनौनी बात, उसे तो क्या किसी को भी बिना देखे भरोसा नहीं हो सकता।

देखा कि दीवान पर का चादर झाड़-झूड़कर सोने की तैयारी कर रहे थे रंजीत बाबू। लुंगी-कुर्ता पहने थे। मच्छरदानी भी लगा ली। ट्यूब लाइट ऑफ की, नाइट बल्ब जलाया। फिर ट्रंक खोलने ही जा रहे थे कि रूके। अलमारी से रूम स्प्रेयर निकाला और ट्रंक के इर्द-गिर्द स्प्रे किया। एक तीखी खुशबू हमारे नथुनों में भी भर गई। तब धीरे-धीरे ट्रंक खोला। उनकी आँखें बाप रे! मानो फटी जा रही हों। चेहरा चकमक कर रहा था। ट्रंक के अंदर वे बिना पलक झपकाए निहारते जा रहे थे। उँगलियाँ बड़े प्यार से ट्रंक के किनारों को सहला रही थीं। अंदर नोटों की गड्डियाँ सजी थीं, यह हमें मालूम था। वे निहार रहे थे और चेहरा गुलाबी से लाल भभूका होता जा रहा था। उँगलियाँ उधर अपना काम कर रही थी। शरीर ट्रंक से चिपक गया था। धीरे-धीरे उनकी साँसें तेज हो रही थीं और पलकें बंद। लगा खड़े-खड़े सो जाएँगे। तभी उन्होंने टेबल पर पड़ा रूल उठाया।

वह चिकना रूल एक हाथ का रहा होगा। थाना से ही उठा लाए थे। मुंशी जी ने सेंटीमीटर-इंच का चिह्न बना रखा था और स्केल का काम लेते थे।

रंजीत बाबू अब उँगली के पोरों से रूल को सहला रहे थे। फिर धीरे-धीरे उसे होंठों के पास ले गए और उसे होंठों से सहलाने लगे। एकाध मिनट के बाद उसे चूमना शुरू किया। अब उनकी छाती धौंकनी हो चली थी और साँसें आँधी जैसी। पलकें फिर मुँदने लगीं। अब वे रूल को ट्रंक के अंदर डाल रहे थे। हौले-हौले रूल हमारी आँखों से ओझल हो रहा था। उधर रंजीत बाबू की देह की थरथराहट बढ़ती जा रही थी। हमने अंदाजा लगाया कि जैसे ही रूल गड्डियों के बीच गया होगा इधर उनकी देह झटके खाने लगी। होंठों से सीत्कार निकली और देह ऐंठ गई। बड़ी मुश्किल से उन्होंने कोने के अलगनी से तौलिया खींचा और बिछावन पर लुढ़क गए।

ये केवल रंजीत बाबू को मालूम था कि जादुई ट्रंक आज रात फिर से विश्वसुन्दरी में तब्दील हुआ था।

('उत्तरा'–अंक–8, मई, 2005)

ठीक बा नू, सायराबानू

मेरा इरादा निखालिस प्रेम-कहानी सुनाने का है। शत-प्रतिशत शुद्ध प्रेम कथा। हिन्दी साहित्य में मुझे लगता है, प्रेम-कथाओं का अकाल-सा है। केवल प्रेम कहानियों का संकलन तैयार किया जाए तो जयशंकर प्रसाद की 'गुंडा' से लेकर उदय प्रकाश की 'राम सजीवन की प्रेम-कथा' तक मुश्किल से पन्द्रह-बीस कहानियाँ ही मिलेंगी, जिन्हें आप निखालिस प्रेम-कहानी कह सकते हैं। यह कोई छोटी समस्या थोड़े है। हिन्दी साहित्य का महान इतिहास इस मामले में बड़े संकट में है। अब यह हमारी जिम्मेवारी है कि उसका उद्धार करें। हमारे जैसा धाकड़ प्रेमी दो-चार प्रेम कहानियाँ नहीं लिख सका तो धिक्कार है। बचपन से लेकर अब तक दो-तीन दर्जन प्रेम तो जरूर ही किया होगा। संख्या ठीक-ठीक तो याद नहीं। लेकिन किसी हालत में वे प्रेम-प्रसंग तीन दर्जन से कम तो नहीं होंगे। लगा लीजिए शर्त!

यह और बात है कि उनमें से अधिकांश एकतरफा प्रेम थे। कुछ-कुछ राम सजीवन की तरह। अब हँसिए नहीं। साफ-साफ दिल का हाल सुना रहा हूँ तो आप मुस्करा रहे हैं। यह अच्छी बात नहीं। चलिए। एकतरफा प्रेम-कथा नहीं सुनाता हूँ, वह भैया उदय प्रकाश के ही जिम्मे। आपको आपबीती और जगबीती ऐसी कहानी सुनाता हूँ जिसमें आग दोनों तरफ बराबर लगी हुई थी। मुझे तो ऐसा ही लगा था। निर्णय आपके हाथ।

आज से दो-ढाई दशक पूर्व मेरी उम्र ग्यारह-बारह साल की रही होगी। विविध भारती तब भी थी। फिल्मी संगीत का पंचरंगी कार्यक्रम तब भी हुआ करता था। हो सकता है कि उस कार्यक्रम का नाम कुछ और हो। फिलिप्स कम्पनी का एक ठो बड़ा-सा रेडियो बैठक में सजाकर रखा हुआ था। मुझे ठीक-ठीक याद है कि विविध भारती के पंचरंगी कार्यक्रम में एक

गाना आया करता था। अब आवाज लता मंगेशकर की थी या आशा भोंसले की ठीक-ठीक याद नहीं! 'नी सुल्ताना रे! प्यार का मौसम आया, रे हाय रे हरी-हरी छाया' अब यह गाना राजेन्द्र कुमार और आशा पारीख पर फिल्माया गया था या माला सिन्हा पर मालूम नहीं। उन दिनों फिल्म देखने की आजादी कहाँ थी? कोई धार्मिक या देश भक्ति फिल्म लगी तो माँ-बाबू जी, भाई-बहनों के साथ जाइए। यह भी कोई बात हुई। हमें कोई बड़ा मानने के लिए तैयार ही नहीं था। जब कि घर में भाई-बहनों में सबसे बड़ा मैं ही था और यहाँ तक माँ को भी मुझसे कोई काम लेना होता तो राजन भैया कहकर पुकारती थी। बहरहाल, मैं बता रहा था उस गाने के बारे में जिसमें सम्भवतः आशा भोंसले जी प्यार के मौसम के आने की सूचना अलग-अलग लय में दे रही थीं।

ठीक यहीं से सब गड़बड़ी शुरू हुई। सप्तम वर्ग 'ए' के सबसे होशियार विद्यार्थी राजन भैया यानी मैं और मुझे यह बात समझ में नहीं आ रही थी कि यह 'प्यार का मौसम' क्या बला है? गरमी, जाड़ा, बरसात के मौसम के बारे में तो मुझे खूब पता था। गरमी में बाबू जी के कॉलेज में लम्बी छुट्टी होती थी और हम सभी बोरिया-बिस्तर बाँधकर पहुँचते थे गाँव, आम के बगीचे में ऊधम मचाने। जाड़े में भी बड़े दिन की छुट्टियाँ हुआ करती थीं। जिद करके हम कम-से-कम एक सप्ताह के लिए राजगीर गरम पानी के कुंड में डुबकी लगाने पहुँच जाया करते। किन्तु यह 'प्यार का मौसम' कब आता है, आज तक मालूम नहीं हो सका। ठाकुर प्रसाद बनारस वाले का पंचांगनुमा कैलेंडर भी उलट-पुलटकर देखा गया, कहीं पता नहीं चला। किससे पूछूँ? मौसम के आगे जो 'प्यार' शब्द लगा हुआ था वही झिझक का असली कारण था। माँ से पूछने में लाज आती थी। क्लास टीचर से पूछने पर पिटने का पूरा चांस था। किसी दोस्त से पूछने पर वह जरूर गन्दा लड़का समझता। अतः भलाई इसी में थी कि चुप रहूँ बड़ा होने का या इस मौसम के आने का इन्तजार करूँ। लेकिन एक बात मैंने मन में गाँठ बाँध ली थी कि जब भी प्यार का मौसम आएगा। तो नुक्कड़वाले महाशय जी की छोटी बेटी पिंकी से ही प्यार करूँगा। मन में यह सोच अंकुरित होते ही मैं घबड़ा गया। आस-पास देखा कि कोई मेरे मन की बात तो नहीं सुन रहा।

खैर, मेरे मन की बात मन में ही रही थी। मौसम आए-गए। प्यार के मौसम को न आना था, न आया। हाँ! बीच-बीच में परीक्षाओं का मौसम आता

रहा और पागल बनाता रहा। हमें भी और माँ को भी। सप्तम बोर्ड की परीक्षा के तीन महीने पहले से ही हमसे ज्यादा तो माँ तनाव में थी। वह तीन बजे भोर में ही जगा देती। सामने बैठकर प्रश्नोत्तर रटवाती रहती। रोज-रोज जागने में जो बुरा लगता रहा हो, नतीजा अच्छा ही रहा। शान से हाईस्कूल पहुँचे। इस बीच पिंकी हमारी गली से गुजरती हुई रोज अपने स्कूल जाती रही, आती रही। मैं भी कभी-कभी इधर-उधर देखकर कि कोई देख तो नहीं रहा है, पिंकी की तरफ ताक लेता। उस दिन तो हद ही हो गई जब पिंकी अपनी बड़ी बहन अम्बुजा के साथ मेरे ही घर आ गई। अम्बुजा दीदी को स्वेटर का नया डिजाइन सीखना था। वैसे भी माँ के भोजन-रसोई से निपटते ही मुहल्ले की दीदी लोग सिलाई-कढ़ाई लेकर आ जातीं। आँगन सिलाई-कढ़ाई केन्द्र में बदल जाता। जिस दिन पिंकी माँ के पास आई थी, मुझे बहुत शर्म आई। कमरे से बाहर निकला ही नहीं। किवाड़ की ओट से देखता रहा। दम घुटने लगा तो सर झुकाकर सरसराते हुए बाहर खेलने निकल गया।

हाईस्कूल के अपने अष्टम वर्ग में मैं मॉनिटर चुना गया था। एक तो मेरे अंक क्लास भर में सबसे अच्छे थे, दूसरे अधिकांश सर लोग बाबूजी के दोस्त या परिचित थे। हमारा हाईस्कूल बाबू जी के कॉलेज के ठीक पिछवाड़े था। बीच में सिर्फ एक सड़क का ही तो फासला था। वैसे लक्ष्मीधर के पिता जी डॉ. स्वर्णकमल को भी सर लोग जानते थे और बहुत इज्जत देते थे। स्वर्णकमल अंकल बाबू जी के विभाग में ही व्याख्याता थे। किन्तु लक्ष्मीधर की गिनती बुरे लड़कों में होती थी। वह क्लास में सबसे बड़ी उम्र का लड़का था। कहते थे कि सप्तम बोर्ड में कई साल अटकने के बाद वह पास हुआ। मुझसे तो वह एक हाथ लम्बा था पाँच-छह साल से कम क्या बड़ा रहा होगा! वह भी हम से घुलता-मिलता नहीं था। रोज पीछे की बेंच पर बैठता। जाने कैसी-कैसी किताबें पढ़ा करता। हमें अच्छे, सच्चे बच्चे कहकर चिढ़ाया करता। उस दिन उसका कहना था कि मैंने चुगली की है। मैं चुगलखोर और बदमाश हूँ। छुट्टी के बाद बताएगा कि ऐसी बदमाशियों की क्या सजा होती है? मेरा कहना था कि क्लास के मॉनिटर होने के नाते मैंने केवल अपना कर्तव्य पालन भर किया है। मैथ के क्लास में आप गुलशन नन्दा पढ़ते रहेंगे तो आपकी शिकायत तो होनी ही चाहिए। हेड मास्टर साहब ने उसे कसकर डाँट पिलाई थी और चेतावनी भी दी थी कि क्लास में ऐसी-वैसी किताबें न लाया करे। चैम्बर

से निकलने से लेकर छुट्टी तक उसकी तमतमाहट कम नहीं हुई थी। छुट्टी होते ही वह तेजी से डग भरता स्कूल गेट की ओर बढ़ गया। मैं थोड़ा सहमा हुआ तो था लेकिन ऐसा विश्वास नहीं था कि सचमुच पिट जाऊँगा। मेरा अन्दाजा कितना गलत था। गेट पर मेरी धुलाई हो गई। लक्ष्मी मुझसे इतना लम्बा था कि मेरे मुक्के उसके चेहरे तक पहुँचते ही नहीं थे। खैर मनाइए कि रामशरण और क्लास के दोस्तों ने तुरन्त देख लिया और दौड़कर आ गए। मैं बच गया। केवल बाईं आँख के ऊपर भौं कट गई थी। कमीज के दो बटन टूट गए थे और पॉकेट फट गया था। रुलाई तो बहुत जोर से आ रही थी किन्तु घर माँ के पास पहुँचने तक जब्त किए रहा।

पिट जाने और भोकार मारकर रोने से मेरे जीवन में कई परिवर्तन आए। एक तो एकाध महीने के अन्दर ही एक प्यारी-सी गाय खरीदी गई। रामशरण के बड़े भाई साहब खुद गए और पास के गाँव से किसी परिचित के यहाँ से ले आए। अब तक तो शाम को रामशरण के यहाँ से ही दूध आया करता था। नुक्कड़ के पश्चिम गली में नदी के किनारे उनका घर था। उनकी माँ लगभग रोज मेरी माँ के पास दूध का हिसाब-किताब जोड़वाने आ जाया करती थीं। सो, दोनों घरों में बहुत लगाव था। वैसे भी बड़े भाई साहब बाबू जी के प्रिय शिष्यों में से थे। दूसरी बात यह हुई कि रोज शाम को गली में गुल्ली-डंडा या कंचा खेलने के बदले रामशरण के साथ अखाड़ा जाने को कहा गया।

यह अखाड़ा सती स्थान के बाजू में था। यह सती कौन थी? रामशरण का जवाब था—महतिन दाई, दाई यानी दई-दैया, दीदी। महतन दीदी हुई थी सती। कैसे हुई? क्यों हुई? ढेर सारे सवाल। बहुत पहले इस इलाके में डोला प्रथा लागू थी। डोला प्रथा माने इलाके भर में ब्याह कर आने वाली दुलहन की डोली सबसे पहले जमींदार के दरवाजे पर जाएगी। दुलहन पहली रात जमींदार के साथ गुजारेगी तब अपने दूल्हे के पास जाएगी। बहुत घिनौनी थी यह प्रथा। महतिन दाई ने पहले पहल विरोध किया। दूरे-जवार से ब्याह कर आई थी। उनके पिता खुद छोटे जमींदार थे। बारह गाँवों की जमींदारी थी यादव जी की। उन्हें क्या मालूम था राजपूत-भूमिहारों की जमींदारियों में यह सब चलता है। चाहे जो हो महतिन ने जिद कर ली वह नहीं जाएगी। नहीं जाएगी उसकी डोली भूमिहार जमींदार रणपाल सिंह के दरवाजे। बरात के नौजवानों ने

साथ दिया। लेकिन होनी को कौन टाल सकता है। भीषण लड़ाई हुई। जमींदार के बराहिलों-सिपाहियों के सामने बरात के पन्द्रहे-बीस नौजवान टिक न सके। कई मारे गए। सवासिन महतिन की माँग भी उजड़ गई। उनका दूल्हा भी लड़ते-लड़ते शहीद हुआ। किन्तु महतिन को हाथ नहीं लगा सका। इसी जगह पर अपनी गोद में दूल्हे की मिट्टी लेकर बैठी थी दई। उनकी ही देह से अग्निदेव प्रगट हुए। दोनों समांग उसमें समा गए। केवल राख रह गई। अखाड़े की मिट्टी में उस राख का तेज अब तक है। जितना मालिश करोगे उतनी ही ताकत बदन में समाती जाएगी।

मंगली गाय के दूध और अखाड़े की दंड-बैठक ने कमाल का काम किया। दो ही साल में दशम वर्ग में पहुँचते-पहुँचते मेरी लम्बाई लक्ष्मीधर के बराबर आ गई। अब मैंने उससे डरना बन्द कर दिया। मैं भी थोड़ा-थोड़ा बदमाश हो गया था। एक तो बिना घर में बताए स्कूल से भागकर बारह से तीन के नून शो में बॉबी देख आया। जय हिन्द सिनेमा था भी कितना दूर! मुश्किल से एक किलोमीटर। वह कस्बा ही कितना बड़ा था एक घंटे में एक राउंड पूरा घूम सकते हैं।

दूसरी बदमाशी यह थी कि अखाड़ा आने-जाने के क्रम में नुक्कड़ पर बड़े-बड़े भैया लोगों के झुंड में बैठने लगा था। यह भी रामशरण ने ही सिखाया था। नुक्कड़ तो उनका पुराना अड्डा था। वहाँ यह झुंड दैया के चबूतरे के एक छोर पर काबिज रहता। मैं दैया की नजरों से बचने की कोशिश में रहता। वो मेरी माँ की पक्की सहेली थी। देखते ही डाँटती और घर जाकर पढ़ने की हिदायत देती। बॉबी फिल्म देखने के बाद तो गारंटी के साथ मैं प्यार को समझने लगा था। यह लड़के और लड़की के बीच की दोस्ती थी। लेकिन मैं यह भी समझ गया कि पिंकी से मेरी दोस्ती नहीं हो सकती। क्योंकि दोस्ती के लिए मेरे बाबूजी का धनाढ्य होना, बड़ा मकान होना और गाड़ी होना जरूरी था जबकि बात कुछ-कुछ उलटी थी। पिंकी के पिता, महाशय जी, बहुत धनी व्यापारी रहे थे। आलू का बड़ा आढ़त था उनका। कहते हैं डॉ. राजेन्द्र प्रसाद पहली बार हमारे कस्बे में पधारे थे तो महाशय जी ने रुपए जलाकर उसकी आँच पर चाय बना कर उनको पिलाई थी। नुक्कड़ के पूर्वी-दक्षिणी कोने पर क्या शानदार दोमंजिला बँगला था उनका। एक बेटा मिलिटरी में कर्नल-जनरल कुछ था। दूसरा बेटा विदेश में शायद कनाडा में डॉक्टर था। चार बेटियाँ थीं।

बड़ी शैलजा बगल के शहर में ही सबसे बड़े सर्जन से ब्याही थीं। पद्मजा कॉलेज के लिए जब निकलती तो नुक्कड़ का पूरा झुंड सजग हो जाता। वह पूरब से आती तो झुंड उत्तर की ओर ताकता गुनगुनाने लगता–'ठीक बा नू सायराबानू, ठीक बा नू सायराबानू।' सायराबानू तमतमाती हुई पैर पटकती गुजर जाती। अब यह मत पूछिए कौन श्याम किशोर भैया? बताया तो था कि अखाड़े में भेंट हुई थी।

पूरा नाम श्याम किशोर सिंह यादव, ग्राम-लाखोचक, जिला मुंगेर, उम्र बीस-इक्कीस वर्ष। यहीं जय हिन्द डिग्री कॉलेज में एडमिशन लिये थे। छह फीट कुछ इंच की ऊँचाई, गोरा-गुलाबी चेहरा। उस दिन अखाड़ा में कपड़ा खोले तो हम भकुआकर ताकते रह गए। साँचे में ढला हुआ शरीर, डेढ़ हाथ की छाती किन्तु कमर का तो पता ही नहीं। 'स्टेट लेभल के एथलीट हैं', रामशरण कान में फुसफुसाए। साल भर कस्बे ने उनकी नोटिस नहीं ली। केवल गलियों में छोटे बच्चे दारा सिंह, दारा सिंह कहकर पीछे दौड़ते। श्याम भैया मुस्कुराकर रह जाते।

अगले ही साल जय हिन्द डिग्री कॉलेज ने इंटर यूनिवर्सिटी एथलीट चैम्पियनशिप की मेजबानी की। तब न केवल उस ऊँघते हुए कस्बे ने बल्कि पूरे विश्वविद्यालय ने यह जाना कि श्याम भैया क्या चीज हैं। गोला फेंक, भाला फेंक और वेट लिफ्टिंग में तो दूर-दूर तक उनके मुकाबले में कोई नहीं था। चैम्पियन ऑफ चैम्पियंस का पुरस्कार देते हुए प्रिंसिपल रामवचन सिंह ने भैया को गले से लगा लिया था।

उसी रात को श्याम भैया महाशय जी के यहाँ रात्रि भोज पर आमंत्रित किए गए। पद्मजा ने खुद अपने हाथों से परोस-परोस कर खिलाया। मेडल को खूब उलट-पुलट कर देखते हुए चूम लिया। हाथ मिलाकर बधाई दी थी। भैया का भी लड़की से हाथ मिलाने का पहला अनुभव था, सो एक तरह का करंट-सा लगा। उन्होंने दैया के चबूतरे पर आकर सबसे पहली बात बताई। कोई बँगला नहीं, गाड़ी नहीं, पार्क नहीं, गाना नहीं फिर भी कुछ हो रहा था। यह हमने जान लिया। सिनेमा के पर्दे से अलग तरह का यह एक सच था, जो हमारे सामने ही ढल रहा था, आकार ले रहा था। एक अनजानी खुशबू में भैया डूबे-उतरा रहे थे। इसका एहसास हमें भी हो रहा था। उनकी आँखों में घुलती चाँदनी भी बिन कुछ कहे बहुते-कुछ कह रही थी। लेकिन उनकी नुक्कड़ पर यह आखिरी अड्डेबाजी थी।

श्याम भैया ने अभी अखाड़ा नहीं छोड़ा था हालाँकि जिमखाना क्लब ने उन्हें अपनी मेंबरशिप सम्मान में दी थी। शुरू-शुरू में रविवार के दिन पद्मजा के साथ वे वहाँ जाते किन्तु सहज नहीं महसूस करते। क्लब में अत्याधुनिक जिम्नाजियम भी था। पद्मजा की इच्छा थी श्याम यहीं प्रैक्टिस करें किन्तु उनके लिए वेट्स के अलावा सारे उपकरण अपरिचित थे। अभी तक अखाड़े की मिट्टी और दंड-बैठक-मुग्दर ही उन्हें अपना-सा लगता था लेकिन यह उन्हें भी मालूम था और हमें भी कि अखाड़ा आज नहीं तो कल उनसे छूटना था।

श्याम किशोर सिंह यादव ने न केवल चैम्पियन ऑफ द चैम्पियंस का खिताब ही जीता था बल्कि बूढ़े, बुजुर्गों और राजनीति में रुचि लेने वालों के जेहन में अपने गाँव लाखोचक की स्मृति भी जगा दी थी। एक साँझ सुजय के पिता जी आढ़त बन्द करके घर लौटते समय अखाड़े में आए। कभी-कभी वे हनुमान जी की मूर्ति को सिर नवाने चले जाते थे। दो जवान एक साथ श्याम भैया के साथ जोर लगा रहे थे। वे सिर नवा कर उठे, पास जाकर भैया की पीट थपथपाई, 'तुम्हीं न हो श्याम किशोर लाखोचक वाले। वाह बेटा! तुमने न केवल लाखोचक का नाम रोशन किया बल्कि पूरे यदुवंशी क्षत्रियों का सर ऊँचा कर दिया। जानते हो लाखोचक की कहानी।' श्याम भैया को भी खूब ठीक से नहीं पता था केवल इतना बतला पाए कि सौ साल पहले जनेऊ धारण करने के सवाल पर बाह्मनों से झगड़ा हुआ था।

'यह केवल जनेऊ पहनकर छत्री बनने का मामला भर नहीं था,' सुजय के पिता खोभन गोप ने अब स्थिर से बैठकर बात शुरू की–'स्वामी दयानन्द ने 1879 ईसवी के नवम्बर माह में बिहार में शूद्र समझी जाने वाली जाति के माधोलाल को जनेऊ पहनाकर इस आन्दोलन की शुरुआत की थी। लेकिन अगड़ी जातियों का विरोध भी शुरू हो गया था। 1898 की मनेर की सभा में आर्यसमाज स्वामी ओंकार सच्चिदानन्द का सर बाम्हनों ने इसी सवाल पर फोड़ दिया था। क्योंकि वे समझ रहे थे कि अगर पिछड़ों को कहीं छत्री मान लिया गया तो वे उनसे जाति लगान कैसे वसूलेंगे?'

'जाति लगान' जैसे शब्द से हमारी पहली भेंट हो रही थी। वे भी इस बात को समझ रहे थे। उन्होंने खोलकर बताया कि, 'तब अगड़ी जाति के रैयतों एवं पिछड़े-दलित वर्ग के रैयतों के लिए लगान की दर

अलग-अलग थी। अगर किसान सामाजिक सीढ़ी में ऊपर है तो लगान कम और नीचे है तो लगान की दर ज्यादा। मतलब साफ था, नान्ह लोगों की पैदाइश सेवा के लिए हुई थी। अगर वे जमीन के मालिक बनने का सपना देखते थे तो उनको यह जुर्माना भरना ही था। लगान के अलावा तरह-तरह के असबाब भी भरने होते थे। यादवों से घी, टैक्स, खर-चराई, भैसन्दहा जैसे असबाब वसूले जाते। अगर सब नान्ह लोग जनेऊ पहनकर छत्री हो जाते तो जाति लगान और असबाब कौन देता? पूरे बिहार में लगभग एक लाख जमींदारियों में केवल बाम्हनों की जमींदारियाँ पैंतीस-छत्तीस हजार थीं। सबसे ज्यादा घाटा उनको ही होना था। सो सबसे ज्यादा विरोध उनकी तरफ से ही हो रहा था। लाखोचक में गरमी के दिनों में, शायद मई महीने में, 1925 ईसवी को यादव महासभा ने जनेऊ यज्ञ का आयोजन किया था। अलग-बगल इलाके के हजार-डेढ़ हजार लोग जमा हुए। खुद जमींदार प्रसिद्ध नारायण सिंह घोड़ा पर बाह्मनों के गोहार के आगे थे। तीन हजार के इस गोहार ने उस दिन दो बार हमला किया। पहली बार तो दरोगा, सिपाहियों को भी पीटकर गिरा दिया। दूसरी बार शाम को जब जिला पुलिस कप्तान पहुँचे तो दुबारा गोहार में धावा बोला। कप्तान साहब के भी सर में चोट आई तो पुलिस फायरिंग हो गई। दर्जनों की संख्या में बाह्मन गोली से मारे गए। हालाँकि जवाबी फायरिंग उन लोगों ने भी की। लाखोचक कोंड ने जनेऊ यज्ञ में और भी तेजी ला दी।

तो यह थी लाखोचक गाँव की खासियत। खोभन बाबू को निराशा हुई थी कि श्याम भैया इस बात से अनजान थे। 'तब तो तुम लोग दीवारों पर टँगे फोटुओं को भी नहीं पहचानते होगे?' खोभन काका ने उदासी से पूछा। ठीक में हम लोगों ने कृष्ण भगवान और लोरिकदेव के धुँधलाए काँच मढ़े तस्वीरों के अलावा अन्य तस्वीरों पर कभी गौर ही नहीं किया था। तस्वीरें पुरानी और धुँधली हो चली थीं। शीशे पर बरसों की धूल जमी थी। अन्दर छपे अक्षर आसानी से पढ़े नहीं जा रहे थे। सिनेमा की हिरोइन और कॉलेज की छोकरियों के गप्प से फुर्सत मिले तब न, खोभन काका सचमुच गुस्सा गए थे, 'पहले इन फोटुओं पर से धूर पोंछो। तब जाकर रासबिहारी मंडल, स्वामी सहस्रानन, सरदार जगदेव सिंह और लोहिया जी नजर आएँगे। तब भी नहीं पहचान सको तो अपने शास्त्री जी से पूछना। मैं अब चलता हूँ।'

सचमुच हमें बहुत पछतावा हो रहा था। अब तक हम चार लोगों—रामशरण, सुजय, सुबोध और मेरा का—एक गुट बन गया था। जो पढ़ाकुओं के नाम से प्रसिद्ध था। हम भी तस्वीरों के नाम से अपरिचित थे, यह शर्म की बात थी। वैसे कोर्स की किताबों के अलावा हम हिन्दी साहित्य के उपन्यास-कविताएँ तो पढ़ते रहते थे किन्तु राजनीति में रुचि नहीं जगी थी। वैसे भी नुक्कड़ पर अड्डाबाजी करने का और ठीक बा नू सायराबानू की मादक धुन का नशा अभी टूटा कहाँ था? अब तो यह धुन सुनकर सायराबानू उर्फ पद्मजा भौजी हलका-सा मुस्काती भी थी। चवन्नियाँ मुस्कान। बिना हमारी झुंड की ओर देखे। हम भी अभी तक सामने ताकने का हिम्मत कहाँ जुटा पाए थे। ताकते अभी भी उत्तर दिशा में ही थे।

इधर श्याम भैया की जिमखाना क्लब में आमद-रफ्त बढ़ती जा रही थी। जय हिन्द सिनेमा के मालिक के बेटे मुन्ना बाबू उर्फ राहुल मेहता से उनकी गहरी छनने लगी थी। मुन्ना बाबू साउथ में कहीं, शायद बंगलौर मेडिकल कॉलेज डोनेशन देकर, पढ़ने भेजे गए थे। तीन-चार साल मौज-मस्ती करने के बाद बिना डिग्री लिये बैरंग वापस आ गए। आजकल फिल्म डिस्ट्रीब्यूशन का धन्धा शुरू किया था और चमक गए थे। दो ही साल में पूरे नॉर्थ-ईस्ट इंडिया का डिस्ट्रीब्यूशन उनके हाथ में था। अकूत पैसा और अनाप-शनाप खर्च उनकी खासियत थी। उन्हें भी श्याम, धर्मेन्द्र से ज्यादा गबरू और पद्मजा हेमामालिनी से ज्यादा सुन्दर लगती। सो बिना ज्यादा देर किए कस्बे के हीरो-हीरोइन मुन्ना बाबू के साथ बम्बई रवाना हो गए।

गजब बगूले जैसा शोर उठा पूरे कस्बे में कि महाशय जी की बेटी भाग गई। लक्षण तो ठीक नहीं थे। आखिर इस बुढ़ापे में बाप की नाक कटवाइए दिहिस। इस शोर की धमक ने महाशय जी के बँगले की जंजीर खड़काई होगी। ओह! सॉरी! जंजीर तो वहाँ थी ही नहीं। कॉलबेल बजाया होगा। तभी तो युगल जोड़ी के महानिष्क्रमण के दूसरे दिन ही प्रातः भ्रमण से लौटते महाशय जी मेरे बैठके में ठिठक गए। वैसे तनाव में लग रहे थे। हाथ की छड़ी भी आज गोल-गोल नहीं घूम रही थी। लेकिन हर दिन की भाँति क्लीनशेव्ड थे और आफ्टर शेव की तरह की मुस्कान पुती हुई थी। बिना चीनी की चाय पीते हुए उन्होंने बाबू जी एवं उत्सुकता में जुट गए मुहल्ले के बुजुर्गों को बताया कि पद्मजा उनकी अनुमति से बम्बई गई है।

दिल्ली से उनके बड़े बेटे कर्नल रणजीत सिंह मेहता भी बंबई पहुँचने वाले थे। ठहरने की व्यवस्था कर्नल साहब के ही नेवी के अफसर दोस्त के यहाँ की गई थी। राहुल के परिचित दो-चार निर्माता-निर्देशकों से फोन कर पहले ही बात हो चुकी थी। सो, एक-दो महीने में कोई-न-कोई फिल्म आनी ही थी।

नुक्कड़ के अड्डेबाज तो बड़े रोब में थे। गर्व से फूले हुए। श्याम भैया की हिट फिल्म बस अगले ही महीने जय हिन्द टॉकीज के रुपहले परदे पर उतरने वाली थी। ईस्टमैन कलर और सत्तर एम.एम. के पर्दे पर श्याम भैया और पद्ममा भौजी की जोड़ी कैसी लगेगी, यह सोच-सोचकर हम रोमांचित हो जा रहे थे। विलेन कौन होगा? अन्दाजा लगा रहे थे प्राण, प्रेम चोपड़ा कि रंजितवा। 'प्राण शायद नहीं हो उपकार के बाद बेसी करेक्टर रोल कर रहा है। रंजितवा साला ठीक नहीं होगा। बेसी पकड़ा-धकड़ी करता है। भौजी के साथ ऐसा किया तो साले को परदे पर चप्पल फेंककर मारेंगे'—यह रामशरण जी थे। हमने उनकी गाली-गलौज भरी अपभ्रंश बोली सुनकर घूरा तो ढीठ की तरह बोले, 'बोलिया तो ऐसने रहतौ भयवा। कितनो किताब पढ़बै तो का मातरीभाषा बदल जैतो।' अब सुधारते रहिए इनकी भाषा। यह नहीं सुधरने वाले। झुंड का समूह गान फिर शुरू हो गया था। ठीक बा नू सायराबानू! इस बार पद्मजा से छोटी अम्बुजा के लिए। सब बहनों की चेहरे की कटिंग एक ही तरह की और एक ही तरह की थी लुनाई भी।

तभी फिर एक अघट घटा। अभी महीना भी नहीं बीता था कि श्याम भैया बंबई से वापस आ गए। शायद पद्मजा भी लौट आई हो किन्तु वह बहुत दिनों तक अपनी बॉलकनी में भी नहीं दिखीं। भैया भी उसकी कोई चर्चा नहीं करना चाहते थे। रामशरण ने धीरे-धीरे न जाने कैसे सारी बातें मालूम कीं। तब हमें पता चला। असल में धोखा मुन्ना बाबू ने ही दिया। चलते समय तो आश्वासन दिया था कि बीस-पच्चीस लाख तक तो अकेला मैं ही लगाऊँगा बाकी मेरे मित्र तो इंडस्ट्री में है ही। महीने भर राहुल और उसके बम्बइया दोस्तों ने श्याम भैया और भौजी से खूब चक्कर कटवाए। कुछ गलत इरादे भी थे किन्तु दाल नहीं गल पाई तो बहाना करने लगे कि सायराबानो और हेमामालिनी खुद इंडस्ट्री में मौजूद हैं तो हमें डुप्लीकेट की क्या जरूरत? किसी को पद्मजा की हाइट दो-चार इंच कम लगी तो किसी को कमर थोड़ी मोटी। श्याम भैया तो उनकी नजर में किसी काम

के नहीं थे। उनका कहना था कि उनके पत्थर जैसे चेहरे पर कोई भाव आता ही नहीं था।

बम्बई से लौटकर भैया न जाने कैसे हो गए थे? दमकता चेहरा राख-सा होता जा रहा था। अखाड़ा तो बम्बई जाने से छूट ही गया था। शायद वहीं से दारू-वारू पीने की भी आदत लगाकर आए थे। दिन-रात नुक्कड़ पर बैठकर महाशय जी के घर की तरफ ताकते रहते। हँसना-बोलना तो लगता भूल गए थे। बात भी करते तो पैसा कमाने के ऊटपटाँग तरीकों की। उनकी घड़ी की सूई अभी भी फिल्म इंडस्ट्री में ही अटकी हुई थी। उन्हें लग रहा था कहीं से ढेर सारे रुपए आते। वे फिर से अपनी पद्मजा को मनाते और फिल्म तो जरूर ही बनती।

तभी विश्वविद्यालय छात्र संघ के चुनाव की घोषणा हुई। समाजवादी युवजन सभा ने भैया को अध्यक्ष पद का उम्मीदवार बनाना तय किया। उनकी राजधानी में बुलाहट हुई। राजधानी जाना उनके लिए ठीक ही रहा। पद्मजा और सिनेमा का नशा उतर गया। वहाँ वे शेरे बिहार रामकरण सिंह यादव के मंत्री आवास का भी चक्कर लगाकर लौटे। युवजन सभा के प्रशिक्षण शिविर में थैला भरकर लोहिया साहित्य दिया गया था। लेकिन एक बदलाव हम साफ-साफ देख रहे थे। उनकी पढ़ाई-लिखाई में तो रुचि एकदम खत्म ही हो गई थी। हाथों में लोहिया जी होते और वे रामकरण काका के दुआरी के आगे खड़ी चमचमाती गाड़ियों की लम्बी लाइन की चर्चा में डूबे रहते।

छात्र संघ के चुनाव में जीतना तो तय था। विश्वविद्यालय के सबसे लोकप्रिय संगठन छात्र परिषद से उनकी सभा का समझौता हो गया था। इस समझौते के लिए कई पापड़ बेलने पड़े थे। छात्र परिषद के उम्मीदवार सुनील गुप्ता को पकड़कर एक हॉस्टल के कमरे में चौबीस घंटा बन्द रखना पड़ा। तब कहीं दबाव में आकर समझौता हुआ। यह सब सुनकर कुछ अच्छा नहीं लगा।

खैर! जो तय था वही हुआ। श्याम भैया विश्वविद्यालय छात्र संघ के अध्यक्ष चुन लिये गए। लेकिन इस चुनाव को जीतने में जिस तरह के हथकंडे अपनाए गए थे, उस कारण हमें बहुत खुशी महसूस नहीं हो रही थी। नुक्कड़ पर और अखाड़े में जो उत्सव का माहौल था, वह हमारे मन को छू नहीं पा रहा था। श्याम भैया को भी अब हमारे लिए कहाँ फुर्सत थी? अब कस्बे में कब आते, हमें पता भी नहीं लगता। रामशरण से खबर

मिली कि उन्हें भैया कहा जाना अच्छा नहीं लगता। उन्होंने हिदायत दी थी कि उन्हें भाई साहब बोला जाए। जिस ढंग के लोगों के साथ अब वे रहने लगे थे, उनकी उपस्थिति में कस्बे के हम गँवई लड़कों का ज्यादा अपनापन दिखाना उन्हें खटकता था।

इधर श्याम भाई साहब और पद्मजा भौजी के सम्बन्धों में ठंडापन आ गया था। पद्मजा उनसे मिलने में कतराने लगी थी। उनके स्वभाव का चुलबुलापन गायब हो गया था। उन्होंने अब अपने को पढ़ाई और किताबों में गुम कर लिया था। उधर भाई साहब अगर कस्बे में होते तो वह जहाँ भी दिख जाती जबरन बतियाने की कोशिश करते। वह बात टालकर किनारे से कट निकलती। उनकी उपेक्षा भाई साहब को कुंठित और आक्रामक बना रही थी। पहले तो वे गाली-गलौज पर उतरे और उस दिन तो हद ही पार कर दी। गली में उन्होंने पद्मजा का बाल पकड़ लिया। उन्होंने झटके से बाल छुड़ाया और डबडबाई आँखों से ऐसे ताका मानो वध होती गाय ने कसाई को ताका हो, फिर दौड़कर अपने घर में घुस गई। उसी दिन के बाद फिर घर से निकलते किसी ने नहीं देखा।

अब हम लोग भी मैट्रिक में पहुँच गए थे। स्कूल, ट्यूशन में व्यस्तता बढ़ गई थी। ऐसे भी उस दिन की घटिया हरकत से अब नुक्कड़ पर बैठने की इच्छा नहीं होती थी। सुना था, पद्मजा अपने बड़े भाई के पास दिल्ली चली गई थी। दोस्त जब दुश्मन बनता है तो ज्यादा खतरनाक हो जाता है—इस बात को उसने भाँप लिया था।

तभी कॉलेज-छात्रों का आन्दोलन जैसी कोई चीज शुरू हुई। लेकिन माँ का भोर के तीन बजे वाला रूटीन शुरू हो गया था। घर से निकलते ही घड़ी की सूइयाँ देखी जातीं। एक मिनट भी बरबाद नहीं करने की सख्त हिदायत छाया की तरह पीछा करती। लेकिन माँ को भी नहीं मालूम हो सका कि जब रात में छाया छुप जाती थी तो हम लोग गेरू के घोल और कूची के साथ वॉल राइटिंग के लिए निकलते। तीन-चार रातों में कस्बे की हर सार्वजनिक दीवार 'सम्पूर्ण क्रान्ति अब नारा है, भावी इतिहास हमारा है' और 'लोकनायक जयप्रकाश जिन्दाबाद' के नारों से रँग गया था।

जिस दिन सूबे की राजधानी में लड़कों पर गोली चली तो हल्ला उठा कि श्याम को भी गोली लगी है। हमारे कस्बे का भी पारा चढ़ गया। क्षोभ और शोक का भारी बगूला धूल-धक्कड़ समेटते आकाश पर छा

गया। सरकारी बस स्टैंड और पोस्ट ऑफिस में आग लगाने की कोशिश की गई किन्तु पुलिस फोर्स आ जाने से काम को पूर्ण अंजाम नहीं दिया जा सका। रात में हमारे चतुर्गुट को टेलीफोन के तार काटने का निर्देश आया। हमने बड़ी कुशलता से टेलीफोन विभाग को ठिकाने लगा दिया। न केवल मेन रोड के बल्कि गली-मुहल्लों तक के तार सबेरे लोगों को भूलुंठित दिखे। लेकिन उसी कुशलता से किसी ने घर तक बात पहुँचा दी। हाउस अरेस्ट जैसी स्थिति हो गई। परीक्षा तक हम लोगों ने भी इस स्थिति को स्वीकार कर लिया। इस बीच इमरजेंसी लगी और श्याम भाई साहब जेल गए।

जब हम परीक्षा दे-दिलाकर लोहिया के वाचन, श्रवण और बूझन में लगे हुए थे तब ही दिल्ली में एक सरकारी बाछा, साँड़ बनने की यात्रा में था। पूरे देश के शहरी शोहदों को उसका यूथ संगठन चुम्बक की तरह खींच रहा था। बस वितरित किए जा रहे थे। लघु उद्योगों के लिए ऋण मिसरी की डली की तरह बँट रहा था। यह सब करने के बाद वह थक जाता तो शाम को उसके आँगन में बम्बइया फिल्म इंडस्ट्री की अप्सराएँ नृत्य के लिए बुलाई जातीं। राजनीति के रंग इन्द्रसभाई हो गए थे।

मुझे लग रहा था कि ऊपर से तो श्याम भाई साहब जैसे लोग उसकी आलोचना करते किन्तु मन के किसी कोने में उसी की तरह की जिन्दगी जीने की कामना कुलबुला रही थी। कैम्प जेल में जब हम भाई साहब से मिलने गए तो पूरे घंटे भर सिर्फ उसकी और उसकी ही बात होती रही। सचमुच वह छा गया था।

कॉलेज के रंगीन दिन शुरू हुए। पहली बार लड़कियाँ भी साथ पढ़ रही थीं। बतरस का लालच बेतरह लुभाता। किन्तु ओछा बनना भी मंजूर नहीं था। उधर इमरजेंसी खत्म हुई थी। फिजाँ में राजनीति की गन्ध महुआ की तरह पसरी थी। हम लोहिया-जयप्रकाश पर फिदा थे। लेकिन चुनावी धूल-धक्कड़ ने थ्योरियों को ढक दिया। श्याम भाई साहब भी विधायक हो गए। गाय-बछड़े की राजनीतिक-क्षितिज से विदाई हो गई। लोकनायक के सिपाही सत्ता के किले में दाखिल हो गए। सब कुछ कितना मनभावन, कितना मोहक था। धूप सोने-सी छिटकती थी। चाँदनी से चाँदी बरस रही थी। मन-माहौल रूई-सा हलका उड़ता-उड़ता-सा। स्वर्ग धरती पर उतरने ही वाला था।

कुछ ही माह में बदलाव दिखे। जमीन पर नहीं, रंग-ढंग में। राजधानी विधायक निवास से लौटे सुजय ने बताया कि माननीय विधायक जी अब केवल साहब कहलाना पसन्द करते हैं, भाई साहब नहीं। साहबी पुकार ने हमारी राजनीति की बुखार उतार दी।

इंटर के प्रथम सत्र की परीक्षा ने भी ध्यान खींचा। राजनीति बन्द। साहित्य बन्द। फिल्म बन्द। लड़कियों की बतकही बन्द। पढ़ाई और बस पढ़ाई। हम चारों के रिजल्ट अच्छे रहे। मेरे और सुबोध के कुछ विषयों में सत्तर प्रतिशत से ज्यादा अंक आए थे। रामशरण और सुजय साठ-बासठ प्रतिशत पर अटक गए थे। हमारे सत्तर प्रतिशत ने गर्ल्स कॉमन रूम को भी चौंकाया था। रसायन प्रयोगशाला की कई खिड़कियाँ गर्ल्स कॉमन रूम के सामने के गलियारे में खुलती थीं। सुपर रिजल्ट ने मनबढ़ू बना दिया। आजकल कॉमन रूम वाली गुलदस्तों से सजी खिड़कियों पर हमारी थोड़ी ज्यादा ही नजरें इनायत रहती। सामने के लैब टेबलों पर हम घंटों जमे रहते। स्वप्न हौले-हौले हकीकत में ढल रहा था। इसका एहसास तब हुआ जब 'वो' मुस्कुराई। 'वो' कॉलेज के गलियारों में नजरें झुकाकर गुजरने वाली क्लास रूम में अति गंभीर, छुई-मुई रहने वाली कॉमन रूम के दरवाजे से एकटक ताकते हुए मुस्कुरा रही थी। विश्वास नहीं हुआ। दाएँ-बाएँ ताका। नहीं, वो मुझे ही देख रही थी। लगा गश आ जाएगा। बहुत दूर से चाँदी की छोटी-छोटी घंटियों के बजने की आवाज आने लगी। मुस्कान के फाहे पूरे लैब में उड़ते-से दिखे। दूर पलाश वन में आग लग गई। वन देवी ने सतरंगे रथ के पहिए रोक दिए। महावर रचे रक्त कमल से पाँव जमीन पर रखने को उतारे। जहाँ मैंने अपने पलक-पाँवड़े और प्राण बिछा दिए। बहुत-बहुत पहले आशा जी ने जो प्यार के मौसम आने का गीत सुनाया था वो अब मेरी छाती पर दस्तक दे रहा था।

वो छुई-मुई, वो अतिगंभीरा, वो अर्द्धनिमीलित आँखों वाली थोड़ी-सी ढीठ हो चली थी। बस थोड़ी-सी ही। उँगली की एक पोर भर। मेरे पड़ोस की बेंच पर क्लास में आसीन होने लगी। वह भी रोज-रोज। लैब में मेरे बाजू के टेबल पर ही साल्ट टेस्ट के लिए परखनली में केमिकल खदकाते रहती। बिना कुछ कहे, बिना कुछ सुने एक रासायनिक परिवर्तन घट रहा था हमारे बीच, जिसको सिर्फ और सिर्फ हम ही महसूस कर रहे थे। रक्त के कणों से एक लय मुरकियाँ भरती हुई ह्रदय तक पहुँच रही थी। जहाँ

तक सिम्फनी मन के आकाश को महकती रागिनियों से आलोकित कर रही थी। कभी-कभी नयनों के टकराते सितारों ने यह बताया था कि सुख जाड़े के सुनहले धूप की एक चादर होती है जिसे ओढ़कर मीठी आँच में तपता वजूद सारे दुखों, सारे तनावों को भूल जाता है। याद रहती है वनदेवी के महावर रचे रक्त कमल-से पाँव जहाँ बिछ-बिछकर हृदय पुलकित होता रहता है।

फिर शुरू हुआ नोट्स का आदान-प्रदान। रमानाथ अवस्थी, हरिवंशराय बच्चन और धर्मवीर भारती की आत्माएँ मेरी आत्मा में प्रविष्ट होने लगीं। नोट्स के साथ कविताओं की पंक्तियाँ भी पुल बुनने लगी थीं। कस्बे के पार्क में कोई लवर्स जोन नहीं था, न कोई उदार कॉफी हाउस जहाँ चन्द लमहे शब्दों की गूँज को आत्मा में जज्ब होते गुजारे जाते। पहली बार उस ऊँघते कस्बे का महानगर नहीं होने पर कोफ्त हुआ। शायद कविताओं के टुकड़ों ने, उसके मेरे ऊपर विश्वास ने, एक अपरिभाषित से एहसास ने एक अदृश्य किन्तु इस्पाती बंध गढ़ दिया था। बिना होंठ हिले हम महसूस कर रहे थे कि चाँद-चाँदनी के पार तक संग-साथ चलने को तैयार है। यही तो थी मेरी और सिर्फ मेरी सायराबानो।

पद्मजा की सूचनाएँ न जाने कैसे पहुँच ही जाया करती थीं। उन्होंने बायो केमेस्ट्री में पी.जी. की डिग्री ली थी। मेडिसिन में पोस्ट ग्रेजुएट डॉक्टर से शादी की। अब जमशेदपुर और चाईबासा के बीच आदिवासी बाहुल्य प्रखण्ड में बस गई थी जहाँ खानों में खटते आदिवासियों के फेफड़ों को टी.बी. की बैक्टीरिया छलनी बनाने में लगी थी और कारखानों के कचरों की बोझ ढोती असमय बूढ़ी हो चली स्वर्ण रेखा नदी कुष्ठ रोग का स्रोत हो चली थी। पद्मजा और उनके डॉक्टर पति आदिवासी वैद्यों के सहयोग से इन दोनों रोगों की सस्ती अचूक दवा के ईजाद को जीवन का लक्ष्य बना बैठे थे। यह सब सुन-जानकर अच्छा लगा। मानो मई की चिलचिलाती धूप में बारिश की एक फुहार मिली हो।

इधर विधायक साहब ने जीने की नई थ्योरियाँ गढ़ ली थीं। भावनाओं में नहीं बहना है। पैरवियाँ खूब करते किन्तु केवल ओवरसियरों की। उनका जोड़-घटाव बता रहा था कि बिना तेजी से आगे बढ़े हक नहीं छीना जा सकता। सामाजिक समीकरण सूबे की राजनीति का महत्त्वपूर्ण मोड़ होने वाला था। वे अपनी स्थिति मजबूत कर लगाम अपने हाथों में थामने को आतुर थे।

दूसरी थ्योरी यह थी कि हर खूबसूरत औरत में एक पद्मजा होती है, जरूरत है केवल तलाश करने की। उनकी कथित प्रैक्टिकल थ्योरी ने हमें बहुत उदास कर दिया। कभी जिस दैया के चबूतरे पर बैठकर उनके हाथों की पचहत्तरों बार चाय पी थी, अनगिनत शाम खाना खाया था उसी दैया के पति मास्टर साहब के ट्रान्सफर रुकवाने की पैरवी के लिए मना कर दिया। रामशरण ने फोन करके पूछा तो झिड़क दिया। साहब का कहना था कि कई ठो भोट है उन लोगों का। दैया-दैया कहकर भावना में मत बहो। राजनीति उससे नहीं चलती। इन्हीं दैया का भाई तो कम्युनिस्ट पार्टी का होल टाइमर है। सो इनकी जाति का और इनके घर को भोट तो मिलना है नहीं। फिर क्यों पैरवी करें? हमारा दिमाग घूम गया। यह तो कोई बात नहीं हुई। लोहिया जी की दबी हुई जातियों का मतलब क्या केवल यादव, कुर्मी, कोयरी और बनिया जातियाँ ही थीं। क्या अत्यन्त पिछड़ी और दलित जातियाँ उस परिभाषा में शामिल नहीं थीं? क्या लोहिया जी उतने ओछे थे कि हम ओछे हैं? साफ बात थी दैया या दैया के परिवार से तो पैसा भेंटा नहीं सकता था तो वे पैरवी फ्री में क्यों करें? बस बहाना कर दिया।

हम सब जान रहे थे। सुजय के पिता खोभन गोप और मुखिया जी जो हर छह महीने में नए-नए कोच बस, ट्रक रोड पर उतार रहे थे, उसमें विधायक साहब का ही पैसा लग रहा था। कोई कारूँ का खजाना थोड़ी ही इन लोगों को भेंटाया था। हम चारों ने तय कर लिया कि अब साहब के आने पर डाकबँगला नहीं जाना है। यह जो हम बिना फीस के स्वयंसेवक बने रहते हैं, वह बन्द। देह चमकाते, दाँत निपोरे, बिना मतलब के विधायक जी के आगे-पीछे डोलते रहना, मिलने वालों का आवेदन इकट्ठा करना या लेटर पैड पर पैरवी का पत्र लिखते रहना, यह सब बन्द। हम गुस्से में जल रहे थे। किन्तु समय तो विधायक साहब के साथ था, हमारे नहीं। वे सूबे के सबसे कम उम्र के मंत्री बन गए। सुजय की खबर थी कि वे अब माननीय या सर कहवाना पसन्द करने लगे थे।

इंटर की फाइनल परीक्षा की तैयारी का मूड बन रहा था। आगे की तकनीकी शिक्षा का भविष्य इसी के रिजल्ट पर निर्भर था। पैंसठ-सत्तर प्रतिशत अंकों का मतलब था रीजनल इंजीनियरिंग कॉलेज, आर्किटेक्ट कॉलेज, डेयरी कॉलेज में सीधा प्रवेश। जीवन का लक्ष्य निर्धारित।

मेरी सायराबानो यानी स्वर्णलता की आँखों में नेह की छलक के बदले कैरियर की चिन्ता झांकती दिखती। अच्छी बात थी। तभी आरक्षण लागू हो गया।

पूरे राज्य में एक आग-सी धधक गई। कितना स्वतःस्फूर्त था, कितना मीडिया प्रायोजित, यह तो शोध का विषय है। किन्तु उस वक्त हमारा कस्बा भी उस आग से अछूता नहीं रहा। हम चारों लोग माननीय मंत्री जी से मानसिक तौर पर कितने ही दूर हो गए, उन्हीं के आदमी माने जाते रहे। तीन किलोमीटर दूर, जिला मुख्यालय के डिग्री कॉलेज के स्वर्ण लम्पट छात्रों का हुजूम बस कब्जा कर हमारे कॉलेज परिसर में पहुँच गया। हमारा जय हिन्द कॉलेज पिछड़ों का और पिछड़ा-बहुल वाले छात्र-शिक्षकों का था। सो उसे आज नष्ट होना था। मंत्री के आदमी होने के कारण हम भी टार्गेट में थे। कॉलेज के छात्रों के जबरदस्त प्रतिवाद के कारण कॉलेज तो बच गया किन्तु हम बुरी तरह पिट गए। खबर मिलते ही सुजय के पिता जी ने माननीय मंत्री जी को फोन किया। हर हाल में बदला लेने की प्रार्थना भी की।

दूसरे दिन मुँह-अँधेरे ही जब हम चारों को शहर के अस्पताल से उठाकर कार में बिठाया गया तो कुछ ठीक नहीं लगा। लेकिन देखा, बताया गया कि सिर के चोटों की जाँच के लिए राजधानी चलना है। किन्तु बात कुछ और ही थी। चलते-चलते ब्रह्मर्षि हॉस्टल के घायल लड़के जीप-एम्बुलेंस में लाद-लादकर पहुँचाए जाने लगे थे। बहुत जिद करने पर खोभन काका ने बताया, 'माननीय मंत्री जी ने डकैत रामा यादव के गिरोह को इस काम के लिए मैनेज किया है। किन्तु रामा मोटी बुद्धि का है। हाथ-पैर, हॉकी स्टिक के साथ-साथ गोलियाँ भी चला दी थीं। शायद हॉस्टल की ओर से ही पहले फायरिंग हुई।' अन्तिम वाक्य हमारे मन को ढाँढ़स बँधाने के लिए बोला गया था। यह हम समझ रहे थे क्योंकि रामा डकैत आदमी नहीं राक्षस था। अपने गिरोह का नाम लोरिक सेना रखा था। एकाध माह पूर्व ही इसके गिरोह ने एक दलित बस्ती में नंगा नाच किया था। आगजनी हत्या और महिलाओं के शरीर के साथ अत्याचार। वही राक्षस रामा हमारे लिए भेजा गया। सोच-सोचकर आत्मग्लानि होने लगी। अन्दर से डूब मरने की इच्छा जोर मार रही थी। न जाने कैसे ऐसा हुआ कि लगने लगा मेरे दोनों हाथों में ताजा-गाढ़ा-चिपचिपा खून लगा हुआ है।

सिर और देह पर लगे चोट तो महीने भर में ठीक हो गए किन्तु हाथों पर चिपचिपे खून का एहसास नहीं गया। हर वक्त इच्छा होती साबुन से हाथों को धोता रहूँ। किन्तु साबुन की टिकिया भी जल्दी घिस जाती थी और आँगन की टंकी का पानी भी खत्म हो जाता। माँ रो-रोकर समझाती रहती—कोई खून-वून नहीं है। यह केवल मेरा भ्रम है। किन्तु मुझे तो साफ-साफ दिखता था, दोनों हाथों में ताजा-गाढ़ा-चिपचिपा खून। बाबू जी अब हर समय अपने सिर के बाल नोचते रहते। कोर्ट-कचहरी-तारीख-पेशी और नींद की गाली के बाद मेरी सायराबानो-स्वर्णलता भी घर में बन्द होकर परीक्षा की तैयारी में लगी थी। किसी को डिस्टर्ब नहीं करने की हिदायत थी। न जाने क्यों मुझे ऐसा लग रहा था कि वह अपनी गुलाबी हथेलियों को मेरे हाथों पर रख देती या छू भी लेती तो खून के धब्बे मिट जाते। किन्तु ऐसा हो न सका। जाड़े की सुनहली धूप की मीठी आँच वाली उष्ण चादर गुम हो गई। माथे पर मई-जून का खिसियाया सूरज बरछे की तरह किरणें चुभो रहा था।

जैसे-तैसे परीक्षा खत्म हुई जैसा-तैसा रिजल्ट भी आया। यह तो मालूम ही था बाबू जी और माँ को भी। कोई भी बहुत दुखी नहीं हुआ। वे मेरी हालत पर पहले से ही बहुत दुखी थे। बाबू जी ने कॉलेज से मेरी टी.सी. कटवाई, माइग्रेशन ऊपर किया। बोरिया-बिस्तर के साथ बनारस। सूबे के बाहर। लगा कि गरम हवा यहाँ तक नहीं पहुँचेगी। जिस ढंग के नम्बर थे उसमें किसी अच्छे कॉलेज और विज्ञान संकाय में तो एडमिशन होना नहीं था। ऐसे ही एक अप्रसिद्ध से कॉलेज के कला संकाय में एडमिशन दिलवाकर, रहने-खाने की व्यवस्था कर बाबू जी लौट गए। अब धब्बेदार हाथों से अपना भविष्य मुझे खुद गढ़ना था। किन्तु बनारस की आबोहवा मुझे रास आई। स्नातक और स्नातकोत्तर में मेरे रिजल्ट बहुत ही तृप्तिदायक रहे। स्नायुजनित कमजोरियाँ बिलकुल दूर हो गई थीं। खून के धब्बे सपनों में भी दिखने कब के बन्द हो गए थे। केवल कभी-कभी सपनों में 'वो' आती-जाती थी। महावर रचे रक्त कमल पाँव वाली वनदेवी, पलाश वन में आग लगाती।

मैंने शोध छात्र के रूप में निबन्धन करवाकर यू.पी.एस.सी. और पी.सी.एस. की तैयारी शुरू कर दी थी। कैरियरिस्ट तो हो गया था, घर भी नहीं जाता था, इसका मतलब यह नहीं कि अपने सूबे के राजनीतिक सामाजिक हालातों से नावाकिफ था।

सुजय ने फोन पर बताया था कि वे अपने नाम के आगे राजेश्वर लगाने लगे थे। राजराजेश्वर श्री श्याम किशोर सिंह यादव, माननीय मुख्यमंत्री। लड़कों ने अपने अखाड़ा में भी लोहिया-जयप्रकाश के बाद उनकी तस्वीर टाँग दी थी। जय हिन्द कॉलेज के हॉस्टल के लड़कों के अपने तर्क थे। उन्होंने हॉस्टल के प्रवेशद्वार के ठीक सामने की दीवार पर 8 फीट की तस्वीर पेंट करवाई थी, नीचे राजराजेश्वर के आगे एक और विशेषण लगाया था–'भगवान'। अब पूरा नाम था भगवान राजराजेश्वर श्याम किशोर सिंह यादव। उनका कहना था, 'भगवान अवतरित नहीं होता, गढ़ा जाता है। हर समाज अपने देश-काल के अनुरूप भगवान गढ़ता है। हमें भी अपने भगवान चुनने की आजादी है।'

इधर बनारस में यू.पी.एस.सी. के मेंस में अच्छे प्रतिशत नहीं देख कर मैं पी.सी.एस. पर केन्द्रित हो रहा था। परीक्षा भी अच्छी हुई थी तभी इंतजारे-निकाह में बैठी पी-एच.डी. करती स्वर्णलता का पहला और आखिरी पत्र मिला। उनकी शादी किसी बैंक अधिकारी से तय हो रही थी और वह मुझसे मिलना चाह रही थी। लेकिन मैं अभी मिलने के लिए भी तैयार नहीं था। रिजल्ट आने वाला था और मुझे विश्वास था कि इंटरव्यू की तैयारी में लगना होगा। अतः अभी कोई आवाज न दे। प्राण न गाओ प्रणय के गान, पथ लगता अधिक सुनसान तेरे गीत गाने से। या दस साल के अन्तराल ने वनदेवी का जादू उतार दिया था। मालूम नहीं। मैं नहीं गया। वैसे भी बिना उपलब्धि के कस्बे में मुँह नहीं दिखाने का मौन संकल्प था मेरा। उसी साल संकल्प तो पूर्ण हुआ लेकिन तब तक वनदेवी को उनका वर हरकर ले जा चुका था।

इमरजेंसी के दिनों में राजकुमार दिल्लीश्वर ने अपने अनुचरों को एक बीस सूत्री कार्यक्रम सौंपा था। राजराजेश्वर अपने को तो किसी से कम मानते नहीं थे। उन्होंने अपने अनुयायियों के लिए दो सूत्री कार्यक्रम दिए। ये दोनों कार्यक्रम थोड़े गैर-सरकारी से, थोड़े ऑफ द रिकॉर्ड थे। उनका मानना था कि बिना आर्थिक सत्ता मजबूत हुए राजनीतिक और सामाजिक सत्ता पर वर्चस्व कायम नहीं रह सकता था। अपनों के अर्थतंत्र की मजबूती के लिए ये दोनों कार्यक्रम निहायत जरूरी थे। उनमें से पहला था अपहरण, दूसरा था भूमिहरण। अब हँसिए नहीं। इनके पीछे ठोस सैद्धान्तिक तर्क थे। बड़े लोगों ने कालाबाजारी, जमाखोरी, घूसघोरी, कमीशनखोरी, कोचिंग से लूटकर, किडनी बेचकर दशकों से धन इकट्ठा

कर रखा है। अब समानता का यह तकाजा है कि उस काली लक्ष्मी का दस-बीस प्रतिशत बाँटें। लेकिन अन्तःप्रेरणा तो उनको हो नहीं रही। बाबा विनोबा के ध्यान में भी यह दान आया नहीं। सो जिम्मेवारी हमारी है कि इस पुनीत कार्य के लिए उन्हें प्रेरित करें। दबाव बनाने के लिए थोड़ा-बहुत सब चलता है। उसे बहुत गम्भीरता से नहीं लेना चाहिए। दूसरी बात यह कि नगदी धन पर क्या भरोसा? आज है कल नहीं रहेगा। जमीन सबसे स्थायी सम्पत्ति है। उसकी कीमत बढ़ेगी ही, घटेगी नहीं। इसीलिए गैर-मजरूआ, कैसरे हिन्द और जिनकी लाठी में जोर नहीं हो उनकी जमीनें दखल कर ली जाएँ। अब कहने की बात नहीं कि दोनों कार्यक्रम बहुत लोकप्रिय हुए।

तभी एक नई बीमारी फैली। पहले भी इक्के-दुक्के लोग इसके शिकार हुए थे। इस बार वायरस नजारत के फर्जी बिलों से फैला था। कई लोगों के साथ इस वायरस ने सूबे के सर्वोच्च स्वामी राजराजेश्वर जी को भी अपनी चपेट में ले लिया। इलाज के सारे उपाय किए गए किन्तु निरर्थक। देखते ही देखते राजराजेश्वर के कमर के नीचे का हिस्सा सूख गया। जब राजसिंहासन पर बैठाने के सारे उपाय व्यर्थ हो गए तो अनुचर हिम्मत हारने लगे। किन्तु राजराजेश्वर ने हिम्मत नहीं हारी। आखिर ढेर सारे वैज्ञानिकों ने मिलकर एक सुपर रिक्शा का निर्माण किया। जिस पर असवार हो राजराजेश्वर कहीं भी एडजस्ट हो सकते थे। दरअसल वह रिक्शा ही सुपर एडजस्टेबल था। राजसिंहासन से लेकर गाड़ी तक, रैली से लेकर महारैला तक हर कहीं फिट। आम जनों को तो उनकी बीमारी का पता ही नहीं चला। चेहरे पर वो ही रूहानी चमक थी। उस पर तो ऐसे भी कोई असर नहीं हुआ था।

इधर मुझे नौकरी में आए चन्द साल गुजर गए थे। माँ-बाबूजी का शादी के लिए दबाव बढ़ता जा रहा था। पर मेरा मन ही बुझा-बुझा-सा था। अन्दर से कोई उत्फुल्लता का एहसास नहीं। कामकाज, दफ्तर, फाइल, भत्ता-वेतन, धूल-धुआँ और टूटे सपने। दिन तो गुजर ही जा रहे थे। शाम उदास-सी आती थी। रात बहुत भारी गुजरती। बकौल भारती जी 'फीकी-फीकी शाम हवाओं में घुटती-घुटती आवाजें, यूँ तो कोई बात नहीं पर फिर भी भारी-भारी जी है।' काली-कलूटी रातों से ही दोस्ती का पाठ सीखते उन अर्द्धनिमीलित आँखों को भूलने की कोशिश कर रहा था। तभी बांबू जी की सेवानिवृत्ति के बाद होने वाले विदाई कार्यक्रम का निमंत्रण

मिला। बाबूजी सदा-सदा के लिए उस कस्बे को छोड़ गाँव बसने जा रहे थे। मुझे भी लगा अपने कस्बे को, अखाड़े की मिट्टी को, कॉलेज के गलियारे को, अपनी गली की चाचियों-दादियों को आखिरी बार प्रणाम बोल आया जाए। अब सायराबानो न सही, उसके घर, दरवाजे, खिड़की को ही सलाम बोल आया जाए। रामशरण, सुजय, सुबोध सभी जुटने वाले थे। अब नहीं जाने का सवाल ही कहाँ था?

लगभग पन्द्रह साल के बाद कस्बे में लौटा था। सब कुछ बदला-बदला-सा था फिर भी अपना-सा लग रहा था। खास करके लोग, मेरी पुरानी गली वैसी ही धूसर-सी थी। चाचियों-दादियों के चेहरों पर झुर्रियों के बोझ बढ़ गए थे किन्तु आँखों और होंठों से मधुरस अनवरत झर रहा था। आशीर्वाद की झरी लग गई। चाय-वाय पीकर नुक्कड़ पर पहुँचा। दोस्तों से वहीं मिलने की बात हुई थी। भरदम गले मिलने, डबडबाई आँखों को पोंछने के बाद हम सहज हुए तो अनायास ही निगाहें महाशय जी की बॉलकनी की ओर उठीं। होंठों से बिना सोचे ही निकल गया ठीक बा नू सायराबानू। फिर हम ठठाकर हँस पड़े। तय हुआ कि पहले अखाड़े की मिट्टी को प्रणाम किया जाए। हम उधर ही बढ़े।

सुजय का घर महाशय जी के बँगले से सटा ही हुआ है। उसी ने सूचना दी कि पद्मजा जी आजकल आई हुई हैं। गोद में दो-तीन साल का एक बच्चा है। एक बड़ी बच्ची को पढ़ाई के कारण जमशेदपुर छोड़कर आना पड़ा है। उनके पति डॉक्टर साहब विस्थापन विरोधी आंदोलन में अपनी सहभागिता के कारण गिरफ्तार कर लिये गए थे। उन पर नक्सली होने का आरोप भी चस्पाँ कर दिया गया था। पद्मजा जी के नाम से भी वारंट था। दोनों पति-पत्नी आदिवासियों के जीवन से, सुख-दुख से इतने घुल-मिल गए थे कि उसकी नियति यही होनी थी। संयोग से राजराजेश्वर जी उस दिन कस्बे में ही थे। पिताजी के विदाई समारोह में मुख्य अतिथि के रूप में उन्होंने पधारने की कृपा की थी।

अखाड़ा वैसा का वैसा ही था। कोने में हनुमान जी की सिन्दूर-पुती छोटी मूर्ति, दीवालों में टँगे धुँधले-से चित्र। केवल राजराजेश्वर जी का चित्र चमचम चमक रहा था। चित्र भी नया था। सूबे के नक्शे पर राजसिंहासन और उस पर विराजमान राजराजेश्वर जी। न जाने क्यों वह चित्र आँखों में चुभा।

लौटकर घर की ओर बढ़े। मुड़कर नुक्कड़ के सामने पहुँचे कि हमारी नजर पड़ी। वहाँ राजराजेश्वर स्वयं विराजमान थे। अपने सुपर रिक्शा पर आसीन। पद्मजा जी बच्चे को लिये हुए उल्लसित होकर घर से निकल रही थीं। हम ज्यों ही पास पहुँचे तो देखा हुलसकर वे राजराजेश्वर की गोद में अपने बच्चे को डालने लगीं। पर उन्होंने बच्चे को थामने के बजाय पद्मजा की छातियों को पकड़ लिया। इस अश्लील दृश्य ने हमें एकदम शॉक्ड कर दिया। लगा कि धकेलकर एकदम उलट दें। लेकिन दिमाग जवाब देने लगा। लगा, सारे शरीर को लकवा मार गया हो। मेरे अन्य मित्रों की हालत भी एकदम मेरे जैसी ही थी। अन्य लोग रोज की भाँति आ-जा रहे थे। देखकर न देखते हुए। निर्लिप्त भाव से। पद्मजा जी की हालत तो वे ही बेहतर जानती होंगी। चेहरे से लगा जबरदस्त आघात लगा है। उन्होंने दूसरे ही क्षण झटके से अपने को अलग कर लिया था। होंठ टेढ़े हुए, विद्रूप भाव से मुस्कुराईं मानो उसकी विकलांगता पर तरस खा रही हों। बच्चे को थामे मुड़ीं। उनकी निगाहें एक क्षण के लिए हम पर ठहरीं। आँखें मानो अंगारे बरसा रही हों। कुछ नहीं कहा किन्तु उस मौन ने बहुत-कुछ कहा। फिर, धीर कदमों से वे आगे बढ़ गईं।

('पल प्रतिफल' : अंक 67-68, मार्च-जून, 2004)

●●●